Zielkostenmanagement und Wertanalyse

Analogie oder Antagonismus – Eine vergleichende Gegenüberstellung mit integrativem Charakter

von

Michael Bergmann

Tectum Verlag
Marburg 2002

Die Deutsche Bibliothek - CIP-Einheitsaufnahme

Bergmann, Michael:
Zielkostenmanagement und Wertanalyse.
Analogie oder Antagonismus - Eine vergleichende Gegenüberstellung
mit integrativem Charakter.
/ von Michael Bergmann
- Marburg : Tectum Verlag, 2002
ISBN 3-8288-8415-6

Tectum Verlag
Marburg 2002

Die vorliegende Arbeit befasst sich mit der marktorientierten Kostensteuerung bei der Entwicklung komplexer technischer Produkte. Grundsätzlich basiert die Untersuchung auf Literaturrecherchen, die sich vorwiegend auf den deutschsprachigen Raum beschränken. Um jedoch einen als notwendig erachteten Praxisbezug herstellen zu können, wurde der Versuch unternommen, die literarisch gewonnenen Erkenntnisse an geeigneter Stelle auf ein vom Verfasser konstruiertes Produkt zu übertragen. Mit diesem Vorgehen soll die zunehmende Präzisierung der im Zielkostenmanagement einzusetzenden Verfahren und Instrumente unterstützt und der Leser bei der Produktentstehung von der Idee über die Konzeption bis hin zur wertanalytisch begleiteten Entwurfs- und Ausarbeitungsphase gedanklich geführt werden.

Die Entstehung und konzeptionelle Ausgestaltung einer Arbeit, deren Thematik sich nicht auf ein stark eingegrenztes Fachgebiet und daraus folgend einen einzelnen Unternehmensbereich bezieht, sondern eine Vielzahl verschiedener Verfahren und Instrumente bündelt, um zu einem adäquaten Unternehmensergebnis zu kommen, bedingen eine fachliche Führung sowie intensive Diskussionen mit konstruktivem Gehalt.

An dieser Stelle spreche ich meinen besonderen Dank Herrn Prof. Dr. Reimund Franke aus, der immer eine Gelegenheit zu eben dieser fachlichen Diskussion gefunden hat. Seine auf Vertrauen basierende Betreuung bei der Anfertigung der vorliegenden Arbeit und seine zuvorkommende Persönlichkeit stellten für mich immer wieder eine außerordentliche Motivation dar, die mich mit viel Freude ans Werk gehen ließ.

Weiterhin gilt mein herzlicher Dank Frau Prof. Dr. Felicitas Albers. Die zahlreichen Gespräche, besonders auch im Vorfeld dieser Arbeit, haben mich ihre entgegenkommende, stets zielgerichtete Persönlichkeit schätzen lassen und stellten eine wichtige Ergänzung bei der Entstehung des vorliegenden Manuskriptes dar.

Der freundlichen Unterstützung des VDI-Verlages habe ich es zu verdanken, dass ich fachbereichsübergreifend wertvolle Gespräche mit Herrn Diplom-Ingenieur Joachim Frech vom Fraunhofer Institut für Arbeitswissenschaft und Organisation (IAO) sowie mit Herrn Diplom-Ingenieur Horst R. Schöler von der Unternehmensberatung für Produktentwicklung und Qualitätsmanagement Dipl.-Ing. Horst R. Schöler führen konnte. Hierfür danke ich den Beteiligten sehr.

Frau Diplom-Betriebswirtin Katrin Buchmüller bin ich für die umfangreiche literarische Unterstützung verbunden. Hierdurch wurde die umfassende Auseinandersetzung mit einer Vielzahl differenter Quellen möglich, die den Gehalt einer literarischen Arbeit ausmachen. Ihre, für sie als selbstverständlich empfundene, altruistische Wesensart werde ich nicht nur stets in guter Erinnerung behalten, sondern mir zum Vorbild machen.

Für die mühevolle CAD-gestützte Überarbeitung der zugrunde liegenden Mehrfach-Spannvorrichtung und dem nicht beschreibbaren Wert echter Freundschaft danke ich dem Leiter der Konstruktion, Herrn Thomas Schink, von der Firma ELSENTOOLING GmbH.

Die kleine Qual des Korrekturlesens konnte gleich auf vier Schulterpaare verteilt werden. Hier gilt mein herzlicher Dank zunächst Frau Diplom-Betriebswirtin Kornelia Jakobs, die sich über die Korrektur von Orthographie und Interpunktion hinaus auch die Anregungen zur inhaltlichen Schlüssigkeit zur Aufgabe gemacht und damit immer wieder zur Überprüfung des Geschriebenen angeregt hat. Auch meiner Schwester, Frau Jutta Bergmann, und meinen Kommilitoninnen Frau Eva Haschberger und Frau Gudrun Meis möchte ich an dieser Stelle meinen von Herzen kommenden Dank für ihre spontane Hilfsbereitschaft, die vorhandene Fehlerquote auf ein erträgliches Maß zu reduzieren, aussprechen.

Nicht zuletzt gilt mein Dank und Respekt meiner Mutter und meinem vor kurzem verstorbenem Vater. Stets werden sie in meinem Herzen sein.

Wuppertal, im Juni 2002 *Michael Bergmann*

INHALTSVERZEICHNIS

ABBILDUNGSVERZEICHNIS

ABKÜRZUNGSVERZEICHNIS

ARIS .... Architektur integrierter Informationssysteme
CAD .... Computer Aided Design
CAE .... Computer Aided Engineering
CAM .... Computer Aided Manufacturing
CAP .... Computer Aided Planning
CAQ .... Computer Aided Quality Assurance
CIM .... Computer Integrated Manufacturing
CNC .... Computerized Numerical Control
F&E .... Forschung & Entwicklung
FB/IE .... Fortschrittliche Betriebsführung und Industrial Engineering (Zeitschrift)
FuE .... Forschung und Entwicklung
GWA .... Gemeinkostenwertanalyse
HBR .... Harvard Business Revue (Zeitschrift)
IAO .... Fraunhofer Institut für Arbeitswissenschaft und Organisation
JiT .... Just in Time
krp .... Kostenrechnungspraxis (Zeitschrift)
MIS .... Marketing Informationssystem
MRP .... Material Requirement Planning
iO .... Industrielle Organisation (Managementzeitschrift)
PIS .... Personal Informationssystem
PPS .... Produktionsplanung und -steuerung
QFD .... Quality Function Deployment
TQM .... Total Quality Management
VDI .... Verein deutscher Ingenieure
VDI-GSP .... VDI -Gesellschaft Systementwicklung und Projektgestaltung
VDI-Z .... Verein deutscher Ingenieure-Zeitschrift
VE .... Value Engineering
WiSt .... Wirtschaftswissenschaftliches Studium (Zeitschrift)
ZBB .... Zero-Base-Budgeting
zfbf .... Zeitschrift für betriebswirtschaftliche Forschung
ZfP .... Zeitschrift für Planung
ZwF .... Zeitschrift für wirtschaftliche Fertigung und Automatisierung

1 Einleitung

1.1 Aktualität des Themas

Die Aktualität des Themas ist durch zahlreiche Beispiele gekennzeichnet, die belegen, dass gerade Unternehmen der High-Tech-Branche in der letzten Zeit unter einen enormen Wettbewerbsdruck geraten sind. So werden in einschlägigen Publikationen immer wieder Unternehmen der Automobilindustrie[1], der Medizintechnik[2], des Anlagen- und Maschinenbaus[3] und der Elektronikbranche[4] aufgeführt, die aufgrund hoher Marktsättigung und hohen Preisdrucks gezwungen sind, Modellwechsel und Produkteinführungen innerhalb kurzer Zeitabstände vorzunehmen, um konkurrenzfähig zu bleiben. Aus diesem „Leidensdruck" heraus wird nach Lösungen gesucht, die es den Unternehmen ermöglichen, dem intensiven Wettbewerb durch geeignete strategische Maßnahmen zu entgehen.

1.1.1 Strategische Maßnahmen in wettbewerbsintensiven Märkten[5]

Möglichkeiten, im Wettbewerb zu bestehen, werden von den Unternehmen u.a. in einer weiteren Diversifikation ihrer Produktpalette oder in einer intensiveren Marktdurchdringung durch Preissenkungen bei konstanter Qualität gesehen.[6] Auf diese Weise soll eine Verbesserung des Kosten-Nutzen-Verhältnisses erreicht werden. Preissenkungen sind jedoch, bei unveränderten Ausgangsbedingungen, nicht uneingeschränkt zu realisieren. Ebenso wirft die Spezialisierung auf ein bestimmtes Strategiekonzept im Sinne der strategischen Grundkonzeptionen nach Porter[7]

---

1 Vgl. Fröhling, O.: Strategische Produktkostenermittlung am Beispiel der Automobilindustrie - Eine Kunden-, unternehmens- und wettbewerbsbezogene Kalkulationssynthese. In: krp (1994), Heft 2, S. 127.

2 Vgl. Horváth, P. / Seidenschwarz, W.: Die Methodik des Zielkostenmanagements. In: Controlling-Forschungsbericht Nr. 33 des Lehrstuhls Controlling am Betriebswirtschaftlichen Institut der Universität Stuttgart, Stuttgart 1992, S. 1.

3 Vgl. Franz, K.-P.: Target Costing - Konzept und kritische Bereiche. In: Controlling (1993), Heft 3, S. 126.

4 Vgl. Müller, H. / Wolbold, M.: Target Costing im Entwicklungsbereich der „ElektroWerk AG". In: Horváth, P. [Hrsg.]: Target Costing - Stuttgart 1993, S. 119-153.

5 Markt wird im Rahmen dieser Arbeit als Absatzmarkt definiert.

6 Vgl. Weis, H. C.: Marketing, 8. Aufl., Ludwigshafen, Kiel 1993, S. 54-55.

7 Vgl. hierzu die Ausführungen von: Hopfenbeck, W.: Allgemeine Betriebswirtschafts- und Managementlehre - Das Unternehmen im Spannungsfeld zwischen ökonomischen, sozialen und ökologischen Interessen, 6. Aufl., Landsberg am Lech 1992, S. 620-621.

Probleme auf, da jeder dieser Strategien wesentliche Risiken immanent sind.[8] Folglich sind künftig insbesondere die innovativen Unternehmen der High-Tech-Branche dazu gezwungen, am Preiswettbewerb teilzunehmen, damit die Kundenanforderungen bei gleichzeitig niedrigen Kosten erfüllt werden können. Um diese Anforderungen zu erfüllen, darf das Kosten- und Preismanagement nicht mehr nur dogmatisch einer Strategierichtung folgen, sondern muss seinen Ursprung in den Bedürfnissen der Kunden haben und die Kostenstruktur sowie die Preisgestaltung des Produkts konsequent an den Erfordernissen des Marktes ausrichten.[9] Es stellt sich die Frage, inwieweit die etablierten Kostenrechnungs- und Kostenmanagementsysteme in der Lage sind, marktorientierte Strategieentscheidungen informell zu begleiten und Produktinformationen prozessübergreifend kosten- und qualitätsorientiert zu steuern.[10]

1.1.2 Probleme bestehender Kostenplanungssysteme

Ohne detailliert auf die bestehenden Kostenrechnungssysteme eingehen zu wollen, sei an dieser Stelle kurz auf einige Probleme, die mit diesen Systemen verbunden sind, hingewiesen. Im allgemeinen wird die Hauptaufgabe bestehender Kalkulationsverfahren in der Bestimmung voraussichtlicher und tatsächlicher Absatzleistungen gesehen.[11] Zur Ermittlung eines Angebotspreises wird hierzu auf die Daten der Buchhaltung, der Konstruktion und anderen Unternehmensbereichen zurückgegriffen. Demzufolge kommen die bestehenden Systeme im allgemeinen erst nach Abschluss der Konstruktion zum Einsatz, da erst zu diesem Zeitpunkt alle kalkulationsrelevanten Daten feststellbar sind.[12] Marktorientierte Produktmodifikationen sind also nur eingeschränkt möglich und führen immer zu einer zeit- und kostenintensiven Änderung der Konstruktionszeichnungen.

---

[8] Eine kritische Betrachtung der Strategieempfehlungen nach Porter findet sich in: Seidenschwarz, W.: Target Costing - Marktorientiertes Zielkostenmanagement, München 1993, S. 99.

[9] Vgl. Buggert, W. / Wielpütz, A.: Target Costing - Grundlagen und Umsetzung des Zielkostenmanagements, München / Wien 1995, S. 19.

[10] Ebenda, S. 20.

[11] Vgl. Männel, W.: Bedeutsame Ansätze, Konzepte und Instrumente des Kostenmanagements. In: krp (1992), Heft 2, S. 340.

[12] Vgl. Becker, J.: Konstruktionsbegleitende Kalkulation als CIM-Baustein. In: Männel, W. [Hrsg.]: Handbuch Kostenrechnung, Wiesbaden 1992, S. 782.

Ferner sind die etablierten Kostenrechnungssysteme oft durch festgeschriebene Rahmenbedingungen gekennzeichnet, die nur wenig Raum für flexible Entscheidungen und eine ganzheitliche Sichtweise gewähren. So weist beispielsweise die Deckungsbeitragsrechnung bei einer Verteilung der Fixkosten auf ein Neuprodukt, dieses unverzüglich als Verlustquelle aus, da neue Produkte bei hohen Vorlaufkosten in der Markteinführungsphase in der Regel nur geringe Erträge erzielen.[13] Mit einem solchen Vorgehen wird eine kurzfristige Sichtweise vertreten, die den gesamten Produktlebenszyklus unberücksichtigt lässt. Eine Folge hiervon ist, dass eine langfristige Verbesserung der Kostenstruktur im Rahmen von Produktentwicklungen nicht ermöglicht wird.[14]

Zudem führen die für westliche Unternehmen charakteristischen, stark arbeitsteiligen Organisationen dazu, dass die einzelnen Tätigkeiten sequentiell ausgeführt werden, das heißt, eine nachfolgende Tätigkeit erst dann aufgenommen wird, wenn die vorhergehende vollständig abgeschlossen ist.[15]

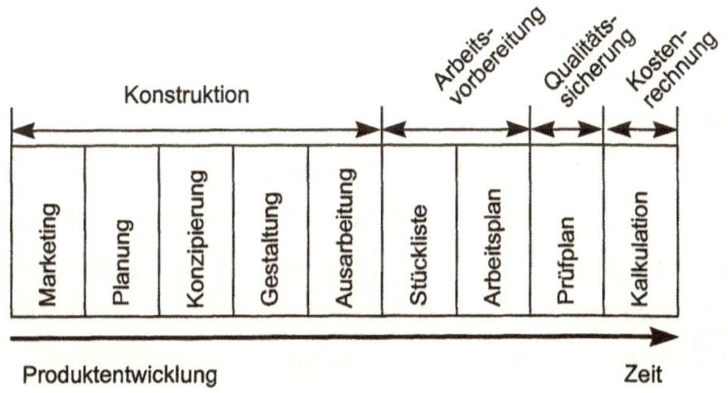

Abb. 1: Sequentielles Entwicklungsmanagement.
Quelle: Scheer, 1989, S. 7.

[13] Vgl. Krogh, H.: Kunden im Visier. In: Manager Magazin (1992), Heft 12, S. 262.

[14] Vgl. Buggert, W. / Wielpütz, A.: Target Costing - Grundlagen und Umsetzung des Zielkostenmanagements, a.a.O., S. 27.

[15] Vgl. Gröner, L.: Entwicklungsbegleitende Vorkalkulation. In: krp (1990), Heft 6, S. 374; Shapiro vermerkt dazu: „Wenn die Marketingabteilung eine Liste von Produktmerkmalen an die F+E-Abteilung schickt, die dann ihrerseits der Fertigungsabteilung fertige Blaupausen und Entwürfe übersendet, so ist das kein Verfahren, bei dem erfolgreiche neue Produkte entstehen. Shapiro, B. P.: Was eigentlich heißt „marktorientiert" - Auf die Kunden eingehen – das sagt sich so leicht und ist so schwer getan. In: Harvard Manager (1989), Heft 3, S. 58.

Diesem Turnus und der daraus resultierenden eingeschränkten Sichtweise, welche sich nur auf einzelne Funktionsbereiche bezieht, sind auch die neueren Kostenrechnungssysteme, wie etwa die Grenzplankostenrechnung, gefolgt, was zu einer suboptimalen Kostenreduktion spezieller Funktionseinheiten geführt hat.[16] Dementsprechend lautet die den traditionellen Systemen inhärente Frage: „Auf welche Weise kann das Produkt bestmöglich hergestellt werden ?“ und nicht: „Was müssen wir tun, um marktgerechte Produkte herzustellen ?“. Aus dieser Formulierung wird ersichtlich, dass der Schwerpunkt der Ideenkette in deutschen Unternehmen technologie- und nicht marktorientiert geprägt ist. Strategische Informationen lassen sich jedoch aus dem Bestreben nach einer Optimierung der internen Effizienz nicht herleiten.[17] Die in Deutschland am weitesten entwickelte Plankostenrechnung beantwortet insofern auch nur die Frage, ob das Produkt mit der bestehenden Technologie marktadäquat hergestellt werden kann oder nicht. Zur Vermeidung einer auf der bestehenden Prozesstechnologie basierenden Planung der Produktkosten ist es jedoch notwendig, dass die Kostenplanung isoliert von der vorhandenen Produktionstechnologie erfolgt.[18] Demzufolge sind sowohl die Produkt- als auch die Produktionstechnologie auf eine Erfüllung der Kundenwünsche auszurichten.[19]

1.2 Zielsetzung der Arbeit

Ausgehend von den Problemen, die mit den traditionellen Kostenrechnungssystemen verbunden sind, ist das zentrale Anliegen dieser Arbeit, den Prozess des Zielkostenmanagements zu charakterisieren. Dessen Hauptaufgabe wird darin gesehen, Unternehmen zu unterstützen, die auf wettbewerbsintensiven Märkten mit kurzen Produktlebenszyklen einem hohen Preisdruck ausgesetzt sind.[20] Da sich das

---

[16] Vgl. Sakurai, M.: Target Costing and how to use it. In: Journal of Cost Management for the manufacturing industry (1989), Heft 3, S. 46-47.

[17] Vgl. Buggert, W. / Wielpütz, A.: Target Costing - Grundlagen und Umsetzung des Zielkostenmanagements, a.a.O., S. 32.

[18] Vgl. Seidenschwarz, W.: Target Costing - Marktorientiertes Zielkostenmanagement, a.a.O., S. 80.

[19] Vgl. Buggert, W. / Wielpütz, A.: Target Costing - Grundlagen und Umsetzung des Zielkostenmanagements, a.a.O., S. 37.

[20] Vgl. Seidenschwarz, W.: Target Costing - Ein japanischer Ansatz für das Kostenmanagement. In: Controlling (1991), Heft 4, S. 198-203; vgl. Winter, H.: Target Costing und Zielkostenmanagement - Das im Markt Machbare ist der Maßstab. In: Gablers Magazin (1994), Heft 2, S. 47-49; vgl. Klinger, B. F.: Target Cost Management - Durch marktorientiertes Zielkostenmanagement können Automobilhersteller ihre Produktkosten senken. In: Controlling (1993), Heft 4, S. 200-207.

Zielkostenmanagement als ein Konzept des modernen Management der Kosten versteht,[21] bedient es sich zur Zielerreichung, das heißt zu einer marktorientierten, produktbezogenen Kostenreduktion, unterschiedlicher strategischer und operativer Konzepte.[22] Aus dem Pool möglicher Verfahren soll hierbei die besondere Bedeutung, die der Wertanalyse im Prozess des Zielkostenmanagements zukommt, hervorgehoben werden. Insofern konzentriert sich die vorliegende Abhandlung neben den Grundlagen des Zielkostenmanagement-Prozesses im Schwerpunkt auf die produktfunktionale Vorgehensweise. Die enge Verknüpfung, die zwischen dem Zielkostenmanagement und der Wertanalyse besteht, soll durch das Aufzeigen von Parallelen im Ablauf der Kostenspaltung und dem frühzeitigen und konsequenten Einsatz der Wertanalyse als Instrument der Zielkostenerreichung herausgestellt werden. Es ist zu bestimmen, welchen Beitrag die Wertanalyse im Prozess der Zielkostensteuerung leistet, und inwieweit sie zur Optimierung kostengerechter Produktgestaltung herangezogen werden kann.

1.3 Inhaltliche Abgrenzung

Aufgrund des engen Rahmens, welchen das gestellte Thema steckt, werden die Ausführungen auf in Serienfertigung hergestellte Gebrauchsgüter beschränkt. Zwar sieht man die Vorteile einer Anwendung von Zielkostenmanagement auch in der Massenfertigung oder in Dienstleistungsunternehmen, jedoch wird hierauf angesichts vorliegender, differenter Ansatzpunkte bei einem Dienstleistungsunternehmen sowie einer entschärften Wettbewerbssituation in der Massenfertigung nicht eingegangen.[23]

---

[21] Vgl. Buggert, W. / Wielpütz, A.: Target Costing -Grundlagen und Umsetzung des Zielkostenmanagements, a.a.O., S. 41.

[22] Vgl. Corsten, H.: Handbuch Kostenmanagement - Kostenmanagement im Produktionsbereich, Wiesbaden 1994, S. 481; vgl. Seidenschwarz, W.: Target Costing - Marktorientiertes Zielkostenmanagement, München 1992, S. 169; vgl. auch: Groth, U. / Kammel, A.: Japanisches Kostenmanagement - Vorbild für Produktentwicklung und wirtschaftliche Fertigung?. In: ZwF 89 (1994), Heft 1/2, S. 64-66.

[23] Die entschärfte Wettbewerbssituation eines Massenfertigers resultiert aus einer geringeren Variantenvielfalt sowie längeren Produktlaufzeiten. Vgl. hierzu: Wöhe, G.: Einführung in die allgemeine Betriebswirtschaftslehre, 17. Aufl., München 1990, S. 501-502. Differente Ansatzpunkte im Prozess des Target Costing eines Dienstleitungsunternehmens ergeben sich aus einer eher prozessualen Betrachtung. Folglich werden zur Zielkostenerreichung spezielle Instrumente wie etwa die Prozesskostenrechnung oder Re-Engineering gefordert. Vgl. hierzu: Cibis, C. / Niemand, S.: Planung und Steuerung funktionaler Dienstleitungen mit Target Costing - Dargestellt

Überdies erfolgt eine weitreichende Abgrenzung hinsichtlich des speziellen Bereichs der Gemeinkosten, da dieser nur mittelbar mit der Wertschöpfung in Verbindung steht und besondere Instrumente, wie das Zero-Base-Budgeting (ZBB), die Gemeinkostenwertanalyse (GWA) oder die Prozesskostenrechnung zur Kostensenkung erfordert.[24] Trotz dieser Abgrenzung muss darauf hingewiesen werden, dass dem Gemeinkostenbereich für eine kostenorientierte, ganzheitliche Produktentwicklung eine außerordentliche Bedeutung zukommt. Um dieser Bedeutung in etwa Rechnung tragen und die notwendige Brücke in den Gemeinkostenbereich schlagen zu können, ist zu wenigst der Prozesskostenrechnung zum Ende der Recherchen ein kurzer Abschnitt gewi€et.

Die vorliegende Schrift vermag keine abschließende Antwort auf die Frage zu geben, welche Art von Organisationsstruktur für eine erfolgreiche Implementation des Zielkostenmanagements die Günstigste ist. Abgesehen von der Organisationsstruktur ist die Entwicklung und Konstruktion von Produkten prinzipiell als Projekt organisiert und unterliegt damit den gebräuchlichen Techniken des Projektmanagements. Auch hierauf wird, in Anlehnung an die zugrunde gelegte Zielsetzung, nicht gesondert eingegangen.[25]

Da grundsätzlich jede Aktivität im Unternehmen dem Controlling in irgendeiner Weise unterliegt, wird das Controlling nur dann angeführt, wenn ihm eine besondere Aufgabe für das Zielkostenmanagement entweder als Informationslieferant, als Informationsempfänger oder als zu koordinierendes Element zukommt. Im allgemeinen wird der Definition von Deyhle gefolgt, der Controlling als eine Denkrichtung versteht, die dafür sorgt, „(...) dass jeder sich selber kontrollieren kann im Hinblick auf die Einhaltung der von der Geschäftsführung gesetzten Ziele."[26]

---

am Beispiel der IBM Deutschland GmbH. In: Horváth, P. [Hrsg.]: Target Costing, a.a.O., S. 200, 215, 224-227.

24 Vgl. Buggert, W.: Neuere Verfahren des Kostenmanagements in den Gemeinkostenbereichen. In: Controller Magazin (1994), Heft 2, S. 90-102; vgl. auch: Cervellini, U.: Marktorientiertes Gemeinkostenmanagement mit Hilfe der Prozesskostenrechnung. In: Controlling (1994), Heft 2, S. 64-72; vgl. weiter: Gutzler, E.H.: GWA - Wunderwaffe mit vielen Tücken. In: Harvard Manager (1992), Heft 4, S. 120-131.

25 Das Projektmanagement muss gleichwohl sehr umfassend ausgelegt werden, so dass ein Hineinwirken in die Funktionalbereiche ermöglicht wird. Vgl. Seidenschwarz, W.: Target Costing - Marktorientiertes Zielkostenmanagement, a.a.O., S. 271.

26 Deyhle, A.: Controller Praxis, Band 1, 6. Aufl., Gauting bei München 1986, S. 9.

1.4 Gang der Arbeit

Die Arbeit versucht auf deduktive Weise den Prozess des Zielkostenmanagements zu beschreiben. Dabei werden im zweiten Kapitel, ausgehend von der Entwicklung unterschiedlicher Konzepte des Zielkostenmanagements, die Grundsätze und Ziele der in Deutschland üblichen Methode beschrieben. Wie angeführt, wird soweit wie möglich bei der Beschreibung von Konzeption, Entwicklung und Ausarbeitung eines Produkts Bezug auf ein im Anhang umfassend erläutertes technisches Erzeugnis genommen.[27] Die Wahl dieses mehr oder minder komplexen Produkts für den Maschinenbau erscheint, auch wenn im Gegensatz zu den üblichen Beispielen wie etwa dem von Tanaka gewählten Tintenschreiber bei der gewählten Vorrichtung vornehmlich die technische Funktionsfähigkeit im Vordergrund steht, als gerechtfertigt, da der Bau von Präzisionswerkzeugen ebenso wie die bereits genannten Wirtschaftszweige zu den betrachteten Hochtechnologie-Branchen zu zählen ist.[28]

Nach der Positionierung des Zielkostenmanagements in die Gesamtheit der bestehenden Kostenrechnungskonzepte und der Nennung notwendiger, zu erfüllender Prämissen im Umfeld, wi€et sich das dritte Kapitel der Identifikation von Marktanforderungen und den Phasen und Methoden, die dem Zielkostenmanagement zugrunde liegen, respektive von besonderer Bedeutung sind. Dabei wird nach einer kurzen Beschreibung vorherrschender Methoden der Zielkostenfindung dem Konzept des „Market into Company" gefolgt und auf dieser Basis die Schritte einer kundenorientierten Kostenspaltung erarbeitet.

Sowohl die Phasen, als auch die Methoden des Zielkostenmanagements liefern den wesentlichen Informationsgehalt, um im sich anschließenden vierten Kapitel Vergleiche zwischen dem Konzept des Zielkostenmanagements und dem Verfahren der Wertanalyse anstellen zu können. Neben der Bestimmung von Analogien wer-

---

[27] Es gilt zu beachten, dass beim Kauf von technischen Produkten grundsätzlich die Funktionsfähigkeit sowie der Produktpreis den Ausschlag für oder gegen ein Produkt bilden. Prestige- und Geltungsfunktionen stehen im allgemeinen nicht im Vordergrund. Dennoch wird bereits an dieser Stelle darauf hingewiesen, dass auch bei der Wahl eines technischen Erzeugnisses rein subjektiv wahrnehmbare Funktionen wie etwa einer bequemen Bedienung, einer nach Arbeitsforschungsuntersuchungen gestalteten Bauweise etc. zumindest in Ansätzen Rechnung getragen wird. Insofern wird die getroffene Auswahl einer Spannvorrichtung als Grundlage der zugrunde gelegten Beispiele von Seiten des Verfassers als zulässig erachtet.

[28] Vgl. Schaele, M.: Erstellen und Bewerten von Konzepten zur Rechnerintegrierten Produktion im Werkzeugbau. Fortschritt-Berichte VDI, Reihe 2, Nr. 214, Düsseldorf 1991, S. 1.

den Präzisierungen aufgezeigt, die durch den Einsatz der Wertanalyse in den Prozess des Zielkostenmanagements erreicht werden können. Determiniert durch die Identifikation von Zielbeziehungen zwischen beiden Kostensenkungskonzepten bildet die wirkungsvolle Einbindung der Wertanalyse in den Gesamtprozess einen weiteren Schwerpunkt der Betrachtung. Aufbauend auf den vorhergehenden Ausführungen wird zum Ende des vierten Kapitels die Aufmerksamkeit auf den Einsatz weiterer, unterstützender Verfahren und Instrumente gelegt, die dem gesetzten Ziel des Zielkostenmanagements, eine kostengünstige und kundenorientierte Produktentwicklung zu verwirklichen, dienlich sind.

Das fünfte Kapitel enthält eine abschließende Zusammenfassung der Recherchen sowie einen Ausblick auf die Möglichkeiten zur Umsetzung umfassender kundenorientierter Produktentwicklungskonzepte in deutschen Unternehmen.

2 Grundlagen des Zielkostenmanagements

Der folgende Abschnitt richtet sich auf die Definition des Konzepts des Zielkostenmanagements und damit in Verbindung stehender Begriffe. Darüber hinaus wird kurz die Entstehung des heute allgemein bekannten Systems aufgezeigt. Im Anschluss an die Beschreibung der prinzipiellen Methodik gilt das Interesse der Rolle bestehender Kostenrechnungskonzepte im Prozess des Zielkostenmanagements sowie erforderlicher Umfeldbedingungen, die einen erfolgreichen Einsatz dieses Konzeptes überhaupt erst ermöglichen.

2.1 Begriff und Ursprung des Zielkostenmanagements und der Zielkosten

In der englischsprachigen Literatur ist das Zielkostenmanagement unter dem Begriff des „Target Costing" bekannt, entstammt aber dem japanischen Gedankengut. Aufgrund seiner hohen Bedeutung wird das auf japanisch mit dem Begriff „Genka Kikaku"[29]belegte Zielkostenmanagement, seit den 70er Jahren in japanischen Unternehmen genutzt. Neben dem Konzept des Kaizen, d.h. der kontinuierlichen Verbesserung von Unternehmensprozessen, hat es sich dort zum bedeutendsten Instrument des strategischen Kostenmanagements weiterentwickelt.[30] Als geschlossener Ansatz zur Kostenplanung wurde dieses Verfahren in der englischsprachigen Literatur erstmals zu Beginn der 80er Jahre durch japanische Autoren vorgestellt.[31] Seit Anfang der 90er Jahre finden sich Veröffentlichungen in deutschen Publikationen. Folge dieser Veröffentlichungen sind intensive Diskussionen hinsichtlich der erfolg-

---

[29] Es finden sich in der Literatur auch andere Bezeichnungen wie: 1) Mokuhyou Genkakeisan oder 2) Tsukurikomi katsundou. Vgl. zu 1) Coenenberg, A. G. / Fischer, T. / Schmitz, J.: Target Costing und Product Life Cycle Costing als Instrumente des Kostenmanagements. In: ZfP (1994), Heft 1, S. 2; vgl. zu 2) Sakurai, M. / Keating, P. J.: Target Costing und Aktivity-Based Costing. In: Controlling (1994), Heft 2, S. 86.

[30] Vgl. Horváth, P. / Seidenschwarz, W.: Von Genka Kikaku bis Kaizen. In: Controlling (1993), Heft 1, S. 12-13.

[31] Vgl. stellvertretend für weitere: Hiromoto, T.: Another hidden edge - Japanese Management Accounting. In: HBR (1988), Heft 4, S. 22-26; vgl. auch: Tanaka, M.: Cost planning and control systems in the design phase of a new product. In: Monden, Y. / Sakurai, M. [Hrsg.]: Japanese Management Accounting. Cambridge, Massachusetts 1989, S. 49-71. Zitiert nach: Seidenschwarz, W.: Target Costing - Marktorientiertes Zielkostenmanagement, a.a.O., S. 6-11 und 23-27; vgl. insbesondere: Sakurai, M.: Target Costing and how to use it. In: Journal of Cost Management for the manufacturing industry, a.a.O., S. 39-50.

reichen Implementation und Nutzung von Target Costing in deutschen Unternehmen.[32]

Da Target Costing in verschieden japanischen Unternehmen[33] entwickelt wurde, ist in Abhängigkeit zu den jeweils signifikanten internen und externen Unternehmensbedingungen eine polymorphe Begriffswelt entstanden. So spricht beispielsweise Hiromoto, der als Wegbereiter des Target Costing-Verständnisses bezeichnet wird, nicht direkt von Target Costing, sondern bezeichnet seinen Ansatz als „Japanese Management Accounting."[34] Monden, ein weiterer Vertreter des Target Costing, benutzt für seine Ausführungen den Terminus „Total Cost Management."[35] Einzig Sakurai bekennt sich bereits in seiner Artikelüberschrift „Target Costing and how to use it" zum Begriff des Target Costing.[36]

Bei dieser Anhäufung von Bezeichnungen ist es nicht verwunderlich, dass auch in der deutschsprachigen Literatur mehrere Begriffe nebeneinander existieren. Target Costing wird mit Zielkostenrechnung, Zielkostenpolitik und Zielkostenmanagement übersetzt. Da Target Costing jedoch weit über ein Kostenrechnungssystem hinausgeht, vielmehr die gesamte Unternehmensphilosophie prägt, kommt die Bezeichnung „Zielkostenmanagement" diesem Ansatz am nächsten. Der Begriff Zielkostenmanagement wird im folgenden synonym zu Target Costing verwendet.

Nach Schneider wird das Zielkostenmanagement grob als ein „markt- bzw. kundenorientiertes Konzept der Kostenplanung, -steuerung und -kontrolle" charakterisiert.[37]

---

[32] Vgl. stellvertretend für viele: Lauk, K. J.: Strategisches Controlling und Organizational Leverage. In: Horváth, P. [Hrsg.]: Strategieunterstützung durch das Controlling - Revolution im Rechnungswesen?, Stuttgart 1990, S. 80-81; vgl. Frech, J.: Target Costing - Status-Quo-Test zur Definition der Implementierungsschwerpunkte. In: REFA-Nachrichten (1995), Heft 5, S. 16-18; vgl. auch: Zahn, W.: Target Costing bei einem Automobilzulieferer - Ein Implementierungsansatz aus Werks-Controlling-Sicht. In: Controlling (1995), Heft 3, S. 148-153.

[33] In der Literatur werden regelmäßig die Unternehmen: NEC, Nissan, Sony und insbesondere Toyota genannt. Hierbei gilt das Unternehmen Toyota als eigentlicher Urheber für die Entwicklung einer retrograden Kalkulation im Sinne des Target Costing. Vgl. hierzu stellvertretend für viele: Horváth, P. / Niemand, S. / Wolbold, M.: Target Costing - State of the Art. In: Horváth, P. [Hrsg.]: Target Costing, Stuttgart 1993, S. 3.

[34] Vgl. Seidenschwarz, W.: Target Costing - Marktorientiertes Zielkostenmanagement. a.a.O., S. 6.

[35] Ebenda, S. 11.

[36] Vgl. Sakurai, M.: Target Costing and how to use it. In: Journal of Cost Management for the manufacturing industry, a.a.O., Titelseite.

[37] Vgl. Schneider, M.: Target Costing - Marktorientiertes Zielkostenmanagement. In: Controlling (1992), Heft 5, S. 293.

Einen direkten Bezug zum Kunden nimmt die Definition von Gaiser und Kieninger, welche die dem Target Costing innewohnende Forderung der Marktorientierung wie folgt formulieren: „Der Aufwand muss dort betrieben werden, wo es der Kunde merkt und honoriert."[38] Folglich muss sich die Planung und Steuerung zukünftiger Produkte bereits während der Produktkonzeption an dem von Kunden akzeptierten Preis ausrichten. Insofern sind dann auch die Selbstkosten nur in einem begrenzten Umfang zulässig. Umfassender hinsichtlich der Bedeutung des Target Costing als übergeordnetes Kostenmanagementsystem ist eine Definition, die von Horváth u.a. stammt: „Target Costing ist ein Bündel von Kostenplanungs-, Kostenkontroll- und Kostenmanagementinstrumenten, die schon in den frühen Phasen der Produkt- und Prozessgestaltung zum Einsatz kommen, um die Kostenstrukturen frühzeitig im Hinblick auf die Marktanforderungen gestalten zu können. Daher verlangt der Target Costing-Prozess die kostenorientierte Koordination aller am Produktentstehungsprozess beteiligten Bereiche."[39]

Da im Rahmen dieser Arbeit schwerpunktmäßig die Implementation und Anwendung eines bestehenden „Kostensenkungsinstrumentes" im Target Costing-Prozess behandelt werden soll, wird weitgehend der Definition von Horváth gefolgt, welcher, wie oben beschrieben, die Koordination und Nutzung bestehender Kostenmanagementinstrumente explizit hervorhebt.

Weitere Begriffe, die es im Prozess des Zielkostenmanagements zu definieren gilt, sind die Target Costs bzw. Zielkosten. Hierunter werden die „durchschnittlich geplanten Selbstkosten für eine Produkteinheit oder eine Produktgruppe verstanden, die das Management als Zwischenziel auf dem Weg zur Erreichung der Allowable Costs[40] bzw. ansetzt."[41] Die Zielkosten entstehen durch die in das Zielkostenmana-

---

[38] Vgl. Gaiser, B. / Kieninger, M.: Fahrplan für die Einführung des Target Costing. In: Horváth, P. [Hrsg.]: Target Costing, a.a.O., S. 55.

[39] Horváth, P. / Niemand, S. / Wolbold, M.: Target Costing - State of the Art. In: Horváth, P. [Hrsg.]: Target Costing, a.a.O., S. 4.

[40] Der Begriff der Erlaubten Kosten wird im Rahmen dieser Arbeit synonym zum Begriff der Allowoble Costs verwendet.

[41] Buggert, W. / Wielpütz, A.: Target Costing - Grundlagen und Umsetzung des Zielkostenmanagements, a.a.O., S. 41.

gement eingebundenen internen und externen Bereiche, welche vergleichbar einem Zielkranz, die Höhe der geplanten Selbstkosten determinieren.[42]

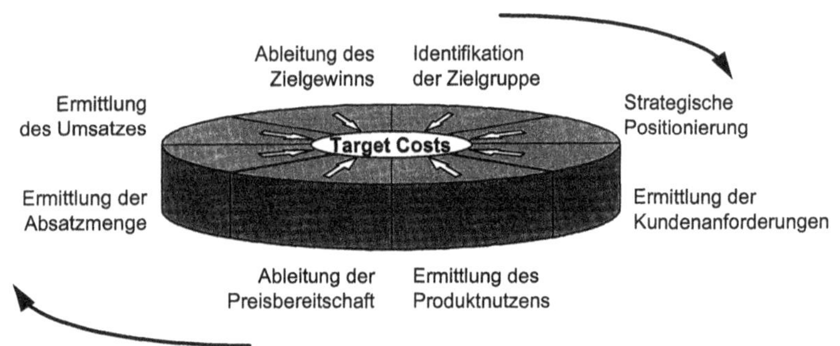

Abb. 2: Zielkranz der Targets um die Zielkosten.
Quelle: Laker, 1993, S. 62.

2.2 Ursprung und Konzeptionen des Zielkostenmanagement

Der Ursprung des Target Costing wird als Folge des Energiekostenanstiegs durch die Ölkrise im Jahre 1973 gesehen. Japanische Unternehmen wollten mit diesem Konzept dem Kostendruck und dem damit verbundenen Verlust der Wettbewerbsfähigkeit entgegenwirken.[43] Dabei diente das Zielkostenmanagement in den Anfängen nur zur Kontrolle der Einkaufsaktivitäten und der Implementation autonom geführter Konzepte wie: Just in Time (JiT), Total Quality Management (TQM), Material Requirement Planning (MRP) und Value Engineering (VE) in ein effektives Kostenmanagement.[44] Nach und nach wurde das Konzept jedoch verbessert und durch weitere Ansatzpunkte, wie etwa der Forderung nach einer Kostenbeeinflussung bereits in den frühen Phasen der Produktentwicklung erweitert.[45]

Ausgehend von ungleich turbulenten Märkten und Produktstrategien der japanischen Unternehmen sind im Prozess des Zielkostenmanagements differente inhalt-

[42] Vgl. Laker, M.: Target Costing nicht ohne Target Pricing - Was darf ein Produkt kosten?. In: Gablers Magazin (1993), Heft 3, S. 61-62.

[43] Vgl. Franz, K. P.: Target Costing - Konzept und kritische Bereiche, a.a.O., S. 125.

[44] Vgl. Buggert, W. / Wielpütz, A.: Target Costing - Grundlagen und Umsetzung des Zielkostenmanagements, a.a.O., S. 41.

[45] Vgl. Sakurai, M.: Target Costing and how to use it. In: Journal of Cost Management for the manufacturing industry, a.a.O., S. 40.

liche Gewichtungen entstanden. Dementsprechend finden sich in der Literatur unterschiedliche Ansätze, die sich in markt-, ingenieurs- und produktfunktionsorientiert unterscheiden lassen.

Von einem marktorientierten Verständnis des Zielkostenmanagements kann man bei Hiromoto ausgehen, der das Hauptanwendungsfeld für dieses Verfahren vor allem bei Unternehmen mit intensivem Wettbewerbsdruck und hohen Innovationsanforderungen hinsichtlich Zeit, Qualität und Kosten sieht. Folglich bestimmt der Markt die Parameter der Produktentwicklung. Die Marktorientierung, ergänzt durch ein Kostenmanagement der frühen Phasen im Produktentstehungsprozess, wird als die wichtigste Funktion seines Ansatzes hervorgehoben. Hierbei erhält das Kostenmanagement durch die Zielkostenvorgabe und die den Produktlebenszyklus begleitende Kostenreduktionsvorgaben einen dynamischen Charakter.[46]

Die ingenieursorientierte Sichtweise zielt in erster Linie auf die grundsätzlichen Abläufe im Prozess des Zielkostenmanagements ab. Ein expliziter Marktbezug wird nicht hergestellt, vielmehr liegt das primäre Interesse dieser Sichtweise in der Senkung des Standardkostenniveaus in Unternehmen mit Großserienfertigung. Infolgedessen konzentrieren sich die Ausführungen dieses Ansatzes in der Hauptsache auf das Kostenmanagement der frühen Phasen sowie eine effiziente Integration kostenbeeinflussender Instrumente.[47]

Produktfunktionsorientierte Ansätze verfolgen neben dem Kostenmanagement der frühen Phasen auch die Marktorientierung der frühen Phasen. Auf diese Weise gewinnt die Marktforschung einen elementaren Charakter im Prozess des Zielkostenmanagements, liefert sie, die Marktforschung, doch die als relevant erachteten Produktmerkmale.[48] Die vollständige Konzentration auf die frühen Phasen wird mit der

---

[46] Vgl. Seidenschwarz, W.: Target Costing - Marktorientiertes Zielkostenmanagement, a.a.O., S. 6-7.

[47] Vgl. Sakurai, M.: Target Costing and how to use it. In: Journal of Cost Management for the manufacturing industry, a.a.O., S. 39-50.

[48] Vgl. Tanaka, M.: Cost planning and control systems in the design phase of a new product. In: Monden, Y. / Sakurai, M. [Hrsg.]: Japanese Management Accounting Tanaka, a.a.O., S. 60 ff, zitiert nach: Seidenschwarz, W.: Target Costing - Marktorientiertes Zielkostenmanagement, a.a.O., S. 11.

hohen Kostendetermination eines Produkts in der Konzeptionsphase, die nach Fischer im Bereich von 70-85% liegt, begründet.[49]

Durch die relativ junge Geschichte des Zielkostenmanagements in Deutschland und dem Bemühen zahlreicher Autoren ein allgemeingültiges Konzept zu entwickeln, wird in Deutschland keine inhaltliche Gewichtung vorgenommen. Vielmehr zielen nahezu alle Ausführungen auf eine sinnvolle, primär marktorientierte Kombination der oben geschilderten Konzeptionen ab.[50]

2.3 Grundprinzipien und Zielsetzungen des Zielkostenmanagements

Der Grundgedanke einer vom Produktpreis ausgehenden retrograden Kalkulation der Produktkosten, welcher dem Zielkostenmanagement zugrunde liegt, findet sich auch in einigen frühen Beispielen in Deutschland.[51] Immer wieder zitierte Exempel sind die Preisschätzungen des Unternehmens Seidensticker und die Preisplanung des ersten VW Käfers, der einen Preis von 990 Reichsmark nicht überschreiten sollte.[52] Dennoch wird betreffend der Konsequenz in der Anwendung deutlich, wie groß die Unterschiede zwischen dem komplexen Prozess des Zielkostenmanagements der Japaner und den nur ansatzweise vorhandenen Konzepten westlicher Unternehmen sind. Nach japanischem Verständnis handelt es sich beim Target Costing um ein Instrument des Managements, folglich liegt dem Zielkostenmanagement gegenüber dem traditionellen Rechnungswesen eine andere Philosophie zugrunde. Die Maxime lautet nicht mehr: „Structure follows strategy - accounting follows structure“, sondern “Target Costing changes structure“.[53] Das Zielkosten-

[49] Vgl. Fischer, T. M.: Kosten frühzeitig erkennen und beeinflussen. In: iO Management Zeitschrift (1993), Heft 9, S. 67-71. Fischer bezieht sich in seinen Ausführungen auf verschiedene empirische Untersuchungen in japanischen und US-amerikanischen Unternehmen des Automobilbaus.

[50] Vgl. die Folgenden stellvertretend für viele: Becker, W.: Frühzeitige markt- und rentabilitätsorientierte Kostensteuerung. In: krp (1993), Heft 5, S. 281; vgl. auch: Buggert, W. / Wielpütz, A.: Target Costing - Grundlagen und Umsetzung des Zielkostenmanagements, a.a.O., S. 225-226; vgl. Seidenschwarz, W.: Target Costing - Marktorientiertes Zielkostenmanagement, a.a.O., S. 1; vgl. weiter: Horváth, P. / Niemand, S. / Wolbold, M.: Target Costing - State of the Art. In: Horváth, P. [Hrsg.]: Target Costing, a.a.O., S. 4-5.

[51] Vgl. Preißner, A. / Engel, S.: Marketing. München u.a. 1994, S. 305.

[52] Vgl. zu Seidensticker: Winter, H.: Target Costing und Zielkostenmanagement - Das im Markt Machbare ist der Maßstab, a.a.O., S. 47; vgl. zu VW: Franz, K. P.: Target Costing - Konzept und kritische Bereiche, a.a.O., S. 124.

[53] Seidenschwarz, W.: Target Costing - Verbindliche Umsetzung marktorientierter Strategien. In: krp (1994), Heft 1, 1994, S. 78.

management fordert damit zur Evolution im Unternehmen auf. Es gilt, sich von kontraproduktiven Unternehmensbereichen, innovationshemmenden Organisationsstrukturen und unverkäuflichen Produkten zu lösen und einen Wandel hin zu einer modernen marktorientierten Unternehmenssteuerung in Gang zu setzen.

Bezogen auf die Zielsetzung des Zielkostenmanagements bestimmt nicht mehr die ungewisse Frage: „Was wird ein Produkt kosten ?“ das unternehmerische Leitmotiv, sondern die Frage: „Was darf ein Produkt [infolge der Marktanforderungen] kosten ?“[54]

Unter dieser Maßgabe wird vom erzielbaren Marktpreis für ein zu entwickelndes Produkt die angestrebte Gewinnspanne subtrahiert und anschließend die zulässigen Kosten[55] ermittelt. Die auf diese Weise taxierten Erlaubten Kosten lassen sich nur unter den größten Anstrengungen erreichen und bilden die Eintrittsbarriere für den späteren Zugang in die angestrebten Märkte.[56] Auf dem Weg zur Verwirklichung der Erlaubten Kosten, werden zunächst die Standardkosten[57] aller Bereiche auf der Basis der vorhandenen Technologien und Verfahren ermittelt. Im Anschluss daran wird die Differenz zwischen den Standardkosten und den Erlaubten Kosten berechnet und analysiert. Abschließend bestimmt das Management ein Kostenziel, dass im allgemeinen über den Erlaubten Kosten liegt. Auf diese Weise will man bei den Mitarbeitern im Vorfeld der Bemühungen eine größere Akzeptanz erreichen.[58] Mit zunehmender Angleichung der Zielkosten an die Erlaubten Kosten steigen jedoch die Anstrengungen, die die Beteiligten unternehmen müssen, um die Lücke zwischen den Standardkosten und den Erlaubten Kosten zu schließen. Der ent-

---

[54] Vgl. Seidenschwarz, W.: Target Costing - Ein japanischer Ansatz für das Kostenmanagement, a.a.O.; S. 199.

[55] Die zulässigen Kosten entsprechen dem in der englischen Literatur verwendeten Begriff der Allowable Costs.

[56] Vgl. Coenenberg, A. G. / Fischer, T. / Schmitz, J.: Target Costing und Product Life Cycle Costing als Instrumente des Kostenmanagements, a.a.O., S. 4; hinzuweisen ist an dieser Stelle auch auf die Aussage von Hiromoto, der die Allowable Costs als realistisch nicht erreichbar einstuft. Seidenschwarz kann diese „unerreichbare Zielsetzung“ aufgrund von Gesprächen in japanischen Unternehmen nicht bestätigen. Vgl. Seidenschwarz, W.: Target Costing - Ein japanischer Ansatz für das Kostenmanagement, a.a.O., S. 199-200; in Verbindung mit: Seidenschwarz, W.: Target Costing - Marktorientiertes Zielkostenmanagement, a.a.O., S. 86.

[57] Die Standardkosten entsprechen dem in der englischen Literatur verwendeten Begriff der Drifting Costs.

[58] Vgl. Peemöller, V. H.: Zielkostenrechnung für die frühzeitige Kostenbeeinflussung. In: krp (1993), Heft 6, S. 377.

scheidende Vorteil von Target Costing ist, dass bedingt durch die retrograde und marktorientierte Vorgehensweise bereits zu Beginn der Produktentwicklung konkrete Kostenvorgaben mit steuerndem Charakter vorliegen.[59]

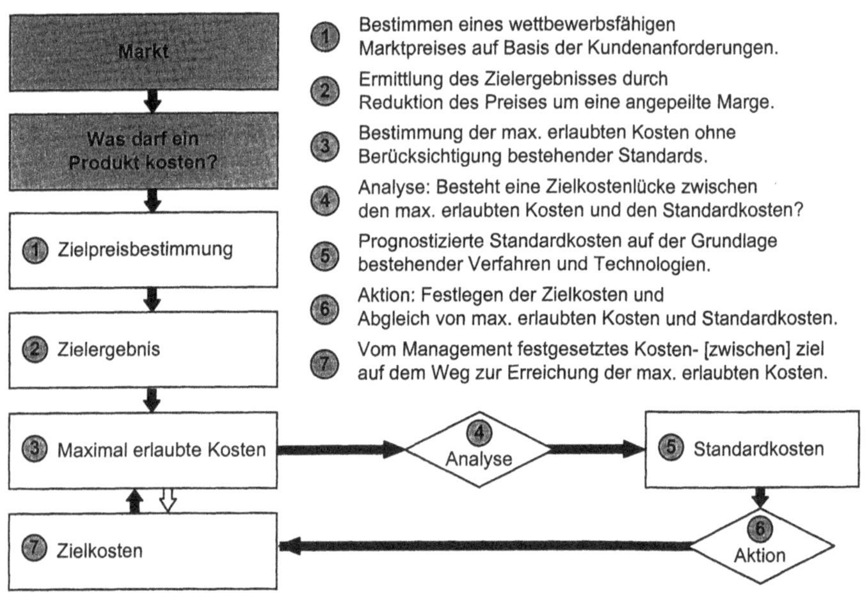

Abb. 3: Vorgehensweise des Zielkostenmanagement-Prozesses.
Quelle: In Anlehnung an: Buggert / Wielpütz, 1995, S. 44.

2.3.1 *Marktorientierung*

In Anbetracht der bisher nur prozessualen Beschreibung wesentlicher Funktionsweisen des Target Costing könnte fälschlicherweise der Eindruck entstehen, dass es sich bei dem Konzept des Zielkostenmanagements nur um das Setzen von Zielen im Sinne einer Wertvorgabe handelt. Target Costing wirkt aber darüber hinaus und stellt einen ganzheitlichen und geschlossenen Ansatz[60] des Kostenmanage-

---

[59] Vgl. Buggert, W. / Wielpütz, A.: Target Costing - Grundlagen und Umsetzung des Zielkostenmanagements, a.a.O., S. 44.

[60] Im Rahmen dieser Arbeit wird unter dem ganzheitlichen und geschlossenen Ansatz die Integration aller Bereiche gesehen. Die Wertschöpfung, die mit dem Target Costing Prozess verbunden ist, soll im Sinne von „value chain" verstanden werden, das heißt, es wird die gesamte Kette von den Rohmaterialquellen des Lieferanten bis zur an den Endverbraucher ausgeliefer-

ments dar, der durchgängig über die gesamte Produktlebensdauer, das heißt von den frühen Phasen der Konstruktion bis zur Nachsorge verfolgt wird und eine marktorientierte Steuerung über Kosteninformationen gewährleistet.[61]

Marktorientierung bedeutet, die Einflüsse auf die Produktentscheidung des Kunden zu kennen und diesen Kundenwunsch in ein adäquates Produkt umzusetzen. Die fundamentale Zielsetzung des Zielkostenmanagements ist folglich in der Verwirklichung der Kundenorientierung hinsichtlich des Preises unter Beachtung der anzustrebenden Kosten der Produkteigenschaften, der Qualität, der Rentabilität sowie der Unternehmensstrategie zu sehen.[62]

Projiziert auf die Konzeption eines Produkts werden nicht mehr teiloptimierte Einzelkomponenten zusammengesetzt, die in ihren Leistungsmerkmalen weit über das erforderliche Maß hinausgehen und für die ein Markt eventuell nicht vorhanden ist. Vielmehr will das Zielkostenmanagement erreichen, dass determiniert durch eine marktgesteuerte Produktleitidee, Problemlösungen für den Menschen geschaffen werden. Hierbei wird der Ressourceneinsatz[63] durch die funktionsorientierte Betrachtungsweise[64] des Zielkostenmanagements so gesteuert, wie dies den vom Kunden gewünschten Produktwertrelationen entspricht.[65]

So wäre beispielsweise die Konstruktion einer automatischen Mehrfachspannvorrichtung mit einer Vielzahl von Ausstattungsdetails für einen Produktionsumfang von 200 Stück zu bearbeitender Werkstücke, insbesondere im Hinblick auf den mit

---

ten Ware betrachtet. Vgl. hierzu: Gleich, R.: Wettbewerbsorientierung im Controlling durch strategisches Kostenmanagement. In: Risak, J. / Deyhle, A. [Hrsg.]: Controlling - State of the Art und Entwicklungstendenzen, Wiesbaden 1991, S. 138.

61 Vgl. Horváth, P. / Seidenschwarz, W.: Zielkostenmanagement. In: Controlling (1992), Heft 3, S. 143.

62 Vgl. Stolze, J.: Zielkosten-Management - Wettbewerbsorientierte Kostenplanung. In: Office Management (1994) Heft 6, S. 24.

63 Vgl. hierzu das Zitat von Gaiser und Kieninger in Abschnitt 2.1 „Begriff des Target Costing und der Target Costs".

64 Das funktionengestützte Vorgehen des Target Costing ist ein wesentlicher Bestandteil dieses Kostenmanagmentkonzeptes, welches es an geeigneter Stelle ausführlich zu charakterisieren gilt. Vgl. Abschnitt 3.4.2 „Kostenspaltung unter Anwendung der Funktionsbereichsmethode" sowie Kapitel 4 „Besondere Berücksichtigung wertanalytischer Aspekte im Prozess des Target Costing".

65 Vgl. Bürgel, H. D. / Haller, C. / Binder, M.: Die japanische Konkurrenz - Anstöße für Überlegungen zur Effektivitäts- und Effizienzsteigerung des westlichen F&E-Prozesses. In: ZfB (1995), Heft 1, S. 5.

der Vorrichtung verbundenen Preis, nicht im Sinne einer vom Kunden gewünschten Produktwertrelation. Anders verhält sich dieser Umstand, wenn sich die Anzahl der zu bearbeitenden Werkstücke auf 50.000 Stück erhöht. Die unten rechts abgebildete Einfachspannvorrichtung kann der in diesem Zusammenhang gewünschten Funktion einer geringen Grundzeit und einer, in Anbetracht der hohen Stückzahl, bequemen Bedienung nicht Rechnung tragen.[66]

Mehrfachspannvorrichtung **Einfachspannvorrichtung**

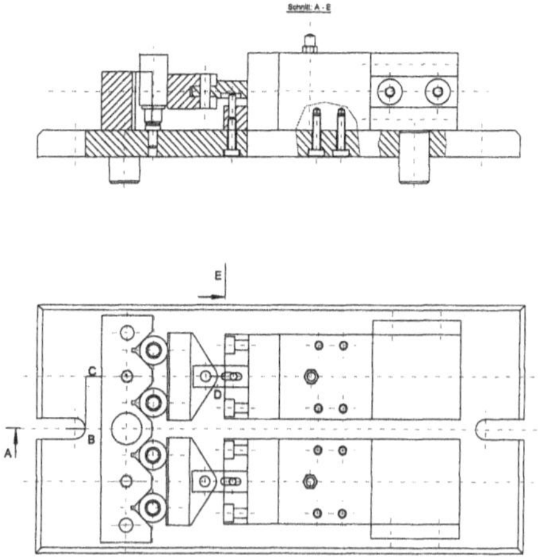

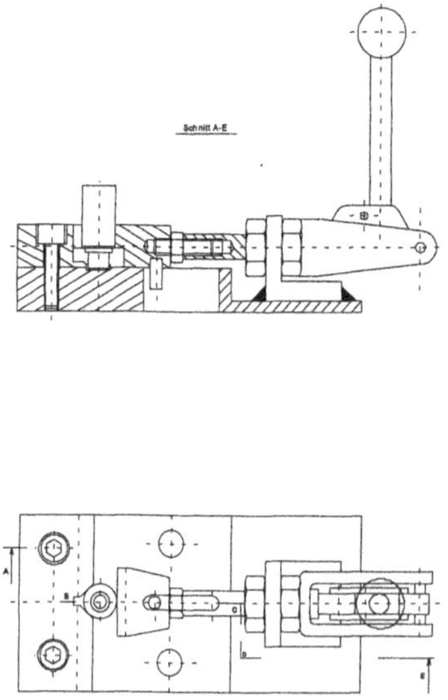

Abb. 4: Kundenorientierte Steuerung des Ressourceneinsatzes.
Quelle: Bergmann, M. / Schink, T.: Konstruktion von Vorrichtungen im Rahmen der allgemeinen Konstruktionslehre an der Fachschule für Technik Wuppertal, 1991 / 1992.

[66] Vgl. die Angaben zur Konsumtion im Anhang dieser Arbeit.

2.3.2 Sicherung, beziehungsweise Steigerung der Produktrentabilitäten

Aus den Grundsätzen der kundenorientierten Produktentwicklung leitet sich eine weitere Zielsetzung des Zielkostenmanagements ab, nämlich die Sicherung, beziehungsweise Steigerung der Produktrentabilitäten auch in zunehmend turbulenten Märkten mit starkem Wettbewerb.[67] Um diesem Anspruch genüge zu leisten, müssen alle Entscheidungen im Zusammenhang mit der Produktentwicklung frühzeitig auf ihre Kosten- und Qualitätswirkungen hin überprüft werden.[68] Hierbei sind nicht nur die Produktion, sondern alle internen und externen Bereiche des Unternehmens einzubeziehen. Dass dem Einsatz des Kostenmanagements schon in den frühen Entwicklungsphasen zur Sicherung der Rentabilität eine hohe Bedeutung zukommt, dokumentieren auch zahlreiche literarische Ausführungen.[69] Unter anderem belegt eine Studie von British-Aerospace, dass ca. 80-90% der Herstellkosten eines Produkts vor Beginn der eigentlichen Produktion festgelegt werden.[70]

2.3.3 Verbesserung bestehender Technologie und Verfahren

Die Intentionen innerhalb des Zielkostenmanagement-Prozesses sind jedoch nicht nur auf eine ausgewogene und kundenorientierte Produkt-Markt-Kombination, die richtige Wahl der strategischen Geschäftseinheiten oder die frühzeitige Integration des Kostenmanagements begrenzt. Gemäß der zu Beginn dieses Abschnitts aufgestellten Maxime: „Target Costing changes structure“, treibt nämlich der Markt die Technologie und fordert damit eine ständige Verbesserung bestehender Technologien und Verfahren.[71] Übertragen auf die ganzheitliche Denkweise, die dem Zielkostenmanagement zugrunde liegt, initiiert dieses Konzept damit auch die Evolution

---

67 Vgl. Seidenschwarz, W.: Target Costing - Marktorientiertes Zielkostenmanagement, a.a.O., S. 78.

68 Vgl. Buggert, W. / Wielpütz, A.: Target Costing - Grundlagen und Umsetzung des Zielkostenmanagements, a.a.O., S. 53.

69 Vgl. Männel, W.: Moderne Konzepte für Kostenrechnung, Controlling und Kostenmanagement. In: krp (1993), Heft 2, S. 74; vgl. Frech, J. Kostengerechte Konstruktion. In: CAD-CAM Report (1995), Heft 3, S. 130; vgl. insbesondere auch: Ehrlenspiel, K.: Produktkostencontrolling und Simultaneous Engineering. In: Horváth, P. [Hrsg.]: Effektives und schlankes Controlling, Stuttgart 1992, S. 292-293. Ehrlenspiel bezieht in seine Ausführungen zusätzlich die Kosten der Fertigungsvorbereitung ein. Damit liegen nach seinen Aussagen bereits 90% der Kosten vor Produktionsbeginn fest.

70 Vgl. Coenenberg, A. G. / Fischer, T. / Schmitz, J.: Target Costing und Product Life Cycle Costing als Instrumente des Kostenmanagements, a.a.O., S. 1.

71 Vgl. Seidenschwarz, W. Target Costing - Verbindliche Umsetzung marktorientierter Strategien, a.a.O., S. 77.

in Richtung eines zielorientierten Einsatzes erworbener technologischer Kompetenz. Durch die Nutzung von technologischen Synergieeffekten im Prozess des Zielkostenmanagements werden Chancen aufgezeigt, völlig neuartige Produkte zu realisieren und die Geschäftsgrundlage auf eine breite technologische Basis zu stellen, ohne sich von den unternehmerischen Kernkompetenzen zu lösen.[72] In der Verfolgung des Zielkostenmanagement-Konzeptes kann das Unternehmen der Diktatur des gesättigten Marktes entgehen.

2.4 Zielkostenmanagement als Ergänzung traditioneller Kostenrechnungskonzepte

Aus dem zuvor gezeigten Überblick wird deutlich, dass das Target Costing ein strategisch ausgerichtetes Instrument des Kostenmanagements ist, welches ex ante Markt- und Kosteninformationen bereitstellt, die über die Unternehmensgrenzen hinausgehen. An dieser Stelle darf man das Zielkostenmanagement jedoch nicht als Ablösung bestehender Kostenrechnungskonzepte interpretieren. Vielmehr ist das Zielkostenmanagement als ein prinzipiell kostenpolitisches Controllinginstrument einzustufen, das ergänzend zu den bestehenden Konzepten eingesetzt werden kann und zu den traditionellen Kostenrechnungssystemen eine enge Verbindung besitzt.[73]

Zwar liegt der Ausgangspunkt des Zielkostenmanagements nicht im Unternehmen, wie das beispielsweise bei der Plankostenrechnung der Fall ist,[74] sondern am Markt. Diesen interessiert eine Kostenspaltung in fixe und variable Kosten oder Einzel- und Gemeinkosten nicht.[75] Dennoch ist die traditionelle Kostenrechnung ein wichtiger Informationslieferant im Prozess des Zielkostenmanagements. Sowohl die Zielkosten als auch die Erlaubten Kosten basieren auf Vollkosten und werden unter Zuhilfenahme der gegenwärtigen Produktstandardkosten ermittelt. [76] Insofern ist es zum einen notwendig, ein Instrumentarium zur Verfügung zu haben, welches Kos-

---

72 Vgl. Bürgel, H. D. / Haller, C. / Binder, M.: Die japanische Konkurrenz - Anstöße für Überlegungen zur Effektivitäts- und Effizienzsteigerung des westlichen F&E-Prozesses, a.a.O., S. 3.

73 Vgl. Becker, W.: Frühzeitige markt- und rentabilitätsorientierte Kostensteuerung, a.a.O., S. 280.

74 Vgl. Heiner, H.-A.: Praxishandbuch Kostenrechnung - Grundlagen, Kostenarten und Kostenstellenrechnung, Köln 1990, S. 11 und 57.

75 Vgl. Horváth, P. / Seidenschwarz, W.: Zielkostenmanagement, a.a.O., S. 144.

tendaten aufgrund vorhandener Technologie- und Verfahrensstandards zur Verfügung stellt. Zum anderen ist es unumgänglich, die Ist-Kosten während des Produktionsprozesses laufend zu überwachen, um Abweichungen von den Zielkosten unverzüglich feststellen zu können.[77] Zum Zwecke einer derart differenzierten Kostenplanung und -überwachung führt die Literatur oft die Verwendung der Grenzplankostenrechnung in Verbindung mit der stufenweisen Fixkostendeckungsrechnung oder die Prozesskostenrechnung als geeignete Kostenrechnungsinstrumentarien zur Unterstützung des Zielkostenmanagement-Prozesses an.[78]

Unbestritten ist jedoch, dass das Zielkostenmanagement kein taktisches Instrument zur Abwendung von Krisen ist.[79] Die Erfüllung dieser Anforderung bleibt grundsätzlich eine Aufgabe der bestehenden Methoden und kann beispielsweise durch die Deckungsbeitragsrechnung, aus der die Ermittlung von Preisuntergrenzen hervorgeht, bewältigt werden.[80]

---

[76] Vgl. Seidenschwarz, W.: Target Costing - Ein japanischer Ansatz für das Kostenmanagement, a.a.O., S. 201-202.

[77] Vgl. Horváth, P. / Niemand, S. / Wolbold, M.: Target Costing - State of the Art. In: Horváth, P. [Hrsg.]: Target Costing, a.a.O., S. 21.

[78] Vgl. ebenda, S. 201.

[79] Vgl. Seidenschwarz, W.: Target Costing - Marktorientiertes Zielkostenmanagement, a.a.O., S. 79.

[80] Vgl. Seidenschwarz, W.: Target Costing - Ein japanischer Ansatz für das Kostenmanagement, a.a.O., S. 201-202; vgl. in diesem Zusammenhang: Wöhe, G.: Einführung in die Allgemeine Betriebswirtschaftslehre, a.a.O., S. 662-664, 1255, 1276-1277.

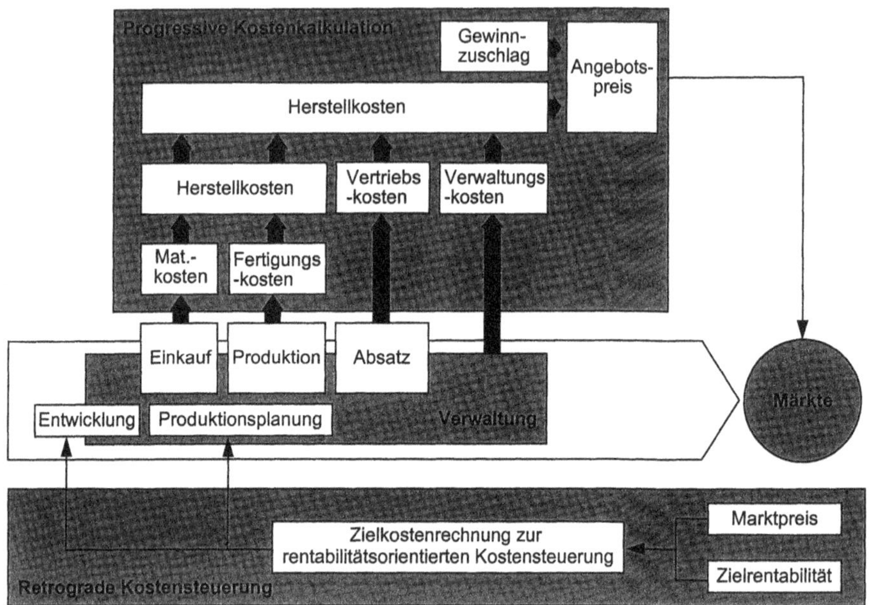

Abb. 5: Kosteninformationen für das Zielkostenmanagement.
Quelle: Becker, 1993, S. 281.

2.5 Rahmenbedingungen für die Realisierung des Zielkostenmanagements

Ohne auf die Grundlagen sozio-kultureller Besonderheiten japanischer Unternehmensführungen einzugehen,[81] sollen an dieser Stelle wichtige Rahmenbedingungen aufgezeigt werden, die eine effektive Implementierung des Target Costing in das Kostenmanagement ermöglichen. Für eine erfolgreiche Realisierung des Zielkostenmanagements spielt die Ausrichtung der Unternehmensphilosophie und -kultur eine entscheidende Rolle. Neben der Marktorientierung ist dies die ganzheitliche Einbindung des Target Costing in die Strategie und Politik des Unternehmens.[82]

---

81 Nach Hiromoto ist in einer ausschließlichen Analyse der von japanischen Controllern eingesetzten Instrumente nicht der Schlüssel zum Verständnis des in Japan praktizierten Management Accounting zu sehen. Vgl. hierzu: Hiromoto, T.: Management Accounting in Japan - Ein Vergleich zwischen japanischen und westlichen Systemen des Management Accounting. In: Controlling (1989), Heft 6, S. 317.

82 Vgl. Buggert, W. / Wielpütz, A.: Target Costing - Grundlagen und Umsetzung des Zielkostenmanagements, a.a.O., S. 210, 132.

Darüber hinaus bedingt eine am Markt ausgerichtete Produktentwicklung die Bildung interdisziplinärer Teams, die sich u.a. aus dem Marketing, dem Vertrieb, der Fertigung und Produktion sowie des Controlling zusammensetzen. Der Mensch im Prozess des Zielkostenmanagements muss durch das Übertragen von Verantwortung in seiner Ganzheitlichkeit gefordert werden, denn nur auf diese Weise kann sich der Mitarbeiter mit seiner Arbeit und seinem Unternehmen identifizieren. Target Costing muss von allen Beteiligten gelebt werden und in die Überzeugung münden, dass nur durch gemeinsame Anstrengungen eine den Vorgaben entsprechende Lösung erreicht werden kann.[83] Für das Management stellt sich hier die Herausforderung, sich permanent den Anforderungen des Marktes zu stellen und die beteiligten Mitarbeiter bestmöglich, dass heißt, entsprechend ihren Fähigkeiten in einem Team zu integrieren und durch geeignete Maßnahmen zu motivieren.[84]

Die vorherrschenden stark arbeitsteiligen, funktionsbereichsbezogenen und hierarchisch geprägten Unternehmensstrukturen mit den daraus resultierenden langen Kommunikationswegen müssen abgebaut werden, um die geforderte Marktnähe und Kundenorientierung verwirklichen zu können.[85] Folglich ist es ein erklärtes Ziel, eine Organisation zu finden, die den Schwerpunkt ihrer Aktivitäten auf die frühen Phasen der Produktentstehung legt. Ein Konzept, dass diesem Anspruch gerecht wird, ist das unter dem Begriff „Lean Production“ bekannte Unternehmensgestal-

---

[83] Vgl. Gaiser, B. / Kieninger, M.: Fahrplan für die Einführung des Target Costing. In: Horváth, P. [Hrsg.]: Target Costing, a.a.O., S. 59.

[84] Vgl. hierzu: Hopfenbeck, W.: Allgemeine Betriebswirtschafts- und Managementlehre - Das Unternehmen im Spannungsfeld zwischen ökonomischen, sozialen und ökologischen Interessen, a.a.O., S. 238-260.

[85] Vgl. Mählck, H. / Panskus, G.: Herausforderung lean production - Möglichkeiten zur wettbewerbsgerechten Erneuerung von Unternehmen. Düsseldorf 1993, S. 8-9.

tungsmodell.[86] Per Definition ist „Lean Production (...) ein Konzept, dass das ganze Unternehmen und seine externen Partner [frühzeitig] informell und organisatorisch über alle Hierarchieebenen, von der Management- bis zur operativen Ebene, integriert.“[87] Die Zusammenarbeit zwischen Hersteller und Zulieferer in diesem System ist langfristig ausgerichtet und durch gegenseitiges Vertrauen geprägt.

---

86 Vgl. ebenda, S. 11.

87 Daum, M. / Piepel, U.: Lean Production - Philosophie und Realität. In: iO Management Zeitschrift (1992), Heft 1, S. 40.

3 Phasen und Methoden im Prozess des Zielkostenmanagements

Im vorhergehenden Abschnitt konnte u.a. die prinzipielle Methodik des Zielkostenmanagement herausgestellt werden. Diese Systematik wird im weiteren Verlauf zunehmend konkretisiert. Nicht jedoch, ohne vorab an die nur lakonisch ausgeführten notwendigen Umfeldbedingungen für das Zielkostenmanagement anzuknüpfen und diese mit besonderem Bezug auf die Funktion der Unternehmensplanung und -strategie im Prozess des Target Costing ebenso detaillierter auszuarbeiten. Die Überlegungen dieses Teilabschnitts münden sodann in die Beschreibung geeigneter Marktforschungsaktivitäten zur Bestimmung der Kundenanforderungen. Schließen wird dieser Abschnitt mit der Darstellung geeigneter Methoden der Zielkostenfindung und der Beschreibung der Zielkostenspaltung für das Gesamtprodukt. Abbildung 6 unternimmt den Versuch, das Vorgehen vorab zu visualisieren.

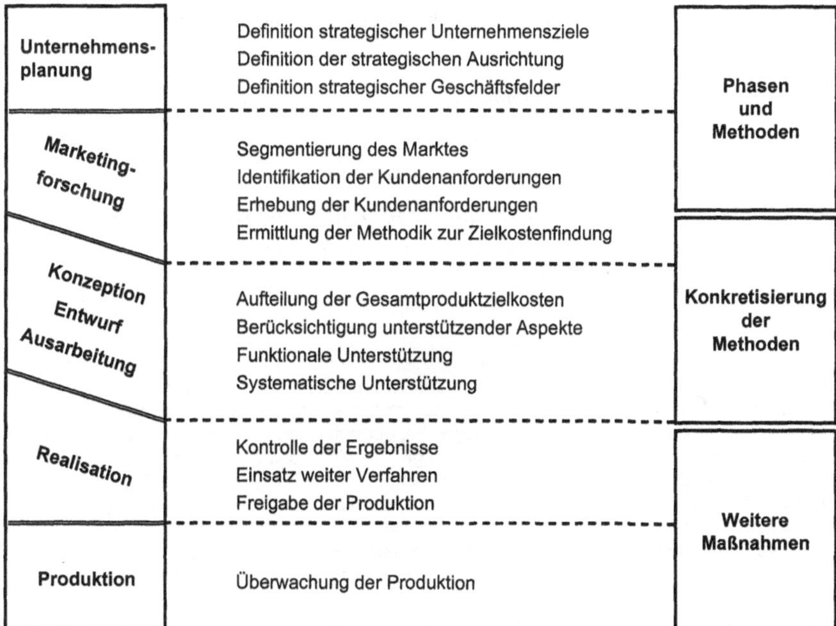

Abb. 6: Target Costing in den Phasen des Entwicklungsprozesses.
Quelle: Eigene Darstellung.

3.1 Unternehmensplanung und -strategie als bestimmendes Merkmal für den Prozess des Zielkostenmanagements

Der Unternehmensplanung[88] kommt eine bedeutende Rolle für das Zielkostenmanagement zu, da sie mitverantwortlich ist für die Aufstellung der Bedingungen der eigentlichen Kostenplanung. Darüber hinaus unterliegt die Unternehmensplanung in gewisser Weise aber auch einer Beeinflussung durch das Zielkostenmanagement, wie die folgenden Ausführungen zeigen werden.

Der Unternehmensplanungsprozess beginnt im allgemeinen mit der Formulierung strategischer Unternehmensziele.[89] Hierdurch werden die zukünftigen Märkte, Marktanteile, Zielgruppen etc. bestimmt und spätere Produkte und Produktgruppen festgelegt. Im Anschluss an die strategische Positionierung wird auf der Basis vorhandener Ressourcen und Leistungspotentiale die mittel- und langfristige Wettbewerbssituation des Unternehmens beurteilt. Eine Analyse zwischen der gewünschten und der erreichbaren Position des Unternehmens wird für gewöhnlich eine Lücke aufdecken, die es durch geeignete Maßnahmen zu schließen gilt.[90] Eine der wichtigsten Maßnahmen zur Schließung der vorhandenen Lücke ist die Entwicklung und Einführung neuer Produkte.[91] Erfolgt nun die Produktentwicklung nach den Maßgaben des Zielkostenmanagements, kann man, bedingt durch die interdisziplinäre Arbeitsweise, den technischen mit dem betriebswirtschaftlichen Bereich verbinden. Auf diese Weise ist es möglich, wichtige Informationen zur Sicherung ange-

---

[88] Um Mißverständnisse zu vermeiden, sei an dieser Stelle auf die in der Literatur sehr unterschiedliche Begriffsbildung hinsichtlich der inhaltlichen Differenzierung von Planungssystemen hingewiesen. Während Horváth in strategische, taktische und operative Planung unterteilt, wird in dieser Arbeit der Abstufung in die strategische, operative und taktische Unternehmensplanung, wie sie etwa von Serfling vertreten wird, gefolgt. Vgl. Horváth, P.: Controlling, 5. Aufl., Stuttgart 1994, S. 195; vgl. Serfling, K.: Controlling, 2. Aufl., Stuttgart, Berlin, Köln 1992, S. 28. Darüber hinaus wird sich der weit verbreiteten Meinung angeschlossen, die die Unternehmensplanung als eine integrierte Zusammenfassung aller Einzelpläne versteht. Vgl. stellvertretend für viele: Hopfenbeck, W.: Allgemeine Betriebswirtschafts- und Managementlehre - Das Unternehmen im Spannungsfeld zwischen ökonomischen, sozialen und ökologischen Interessen, a.a.O., S. 481.

[89] Vgl. Horváth, P. / Niemand, S. / Wolbold, M.: Target Costing - State of the Art. In: Horváth, P. [Hrsg.]: Target Costing, a.a.O., S. 6.

[90] Vgl. Franke, R. / Zerres, M.: Planungstechniken - Instrumente für zukunftsorientierte Unternehmensführung, 4. Aufl., Frankfurt am Main 1994, S. 15.

[91] Vgl. Horváth, P. / Niemand, S. / Wolbold, M.: Target Costing - State of the Art. In: Horváth, P. [Hrsg.]: Target Costing, a.a.O., S. 7.

strebter Unternehmensziele in die frühen Phasen des Planungsprozesses zu verlagern.[92] Durch die Anwendung des Zielkostenmanagements wird also die in westlichen Unternehmen übliche sequentielle Vorgehensweise durchbrochen und die zu Beginn des Planungsprozesses obligate Analyse technischer Fragestellungen durch eine auf den Markt ausgerichtete Gewinn- und Kostenplanung ergänzt.[93]

Grundsätzlich jedoch determiniert die Unternehmensplanung den Prozess des Zielkostenmanagements, da die Zielkostenfestlegung in Übereinstimmung mit den grundlegenden Vorstellungen der strategischen und operationalen Unternehmensplanung erfolgt.

Eine besondere Bedeutung kommt an dieser Stelle der mittelfristigen Planung zu, da es durch sie möglich ist, Aussagen über Verkaufszahlen, Umsätze, Kosten etc. zu treffen.[94] Im Prozess des Zielkostenmanagements werden, ausgehend von den am Markt erzielbaren Preisen[95] und unter Zuhilfenahme der Daten aus der operativen Planung, die angestrebten, produktbezogenen Gewinne ermittelt. Diese Informationen sind die Grundlage für die Berechnung der Erlaubten Kosten.[96] Nach Seidenschwarz ist die „produktspezifisch geplante Gewinnvorgabe als verbindliche und unverrückbare Vorgabe zu interpretieren, (...)“ [97] da nur in dieser Form von allen Beteiligten hinreichende Anstrengungen zur Verwirklichung der Zielkostenvorgaben zu erwarten sind.

Ein weiteres Merkmal, welches die Unternehmensplanung als bestimmendes Merkmal im Prozess des Zielkostenmanagements hervorhebt, ist der Umstand, dass der vom Kunden akzeptierte Preis nicht unabhängig vom angestrebten Marktanteil festgelegt werden kann, da der geplante Marktanteil in einem direkten Zusammenhang zu der gewählten Strategie und der Positionierung der Konkurrenz-

---

[92] Vgl. hierzu Abschnitt 2.3 „Grundprinzipien und Zielsetzungen des Target Costing“. Es ist eine der Zielsetzungen von Target Costing den Planungsprozess bereits in den frühen Phasen zu begleiten und damit zur Sicherung bzw. Steigerung der Produktrentabilitäten beizutragen.

[93] Vgl. Horváth, P. / Niemand, S. / Wolbold, M.: Target Costing - State of the Art. In: Horváth, P. [Hrsg.]: Target Costing, a.a.O., S. 7.

[94] Vgl. Serfling, K.: Controlling, a.a.O., S. 36.

[95] Vgl. Franz, K. P.: Target Costing - Konzept und kritische Bereiche, a.a.O., S. 127.

[96] Vgl. hierzu die Ausführungen des Abschnitts 2.3 „Grundprinzipien und Zielsetzungen des Target Costing“.

[97] Seidenschwarz, W.: Target Costing - Marktorientiertes Zielkostenmanagement, a.a.O., S. 122.

produkte steht.[98] So schließt beispielsweise eine Differenzierungsstrategie, die auf die Einzigartigkeit der Leistung setzt, durch eine nur geringe Relevanz der Kostenposition für gewöhnlich einen hohen Marktanteil aus.[99]

Dass die Verfolgung nur einer speziellen Strategie nicht zum gewünschten Erfolg führt und zudem enorme Risiken in sich birgt, wurde bereits an anderer Stelle kurz erwähnt. Zudem wird dieser Umstand durch ein Zitat von Kato gesichert, der eine angeblich nicht mögliche Verbindung zwischen Differenzierungsstrategie und Kostenführerschaft durch folgende Aussage widerlegt: „Many Japanese companies, such as Toyota, Nissan, Matsushita, and Sony, are seen as both cost leaders and differentiators“[100]. Hieraus wird ersichtlich, dass eine Kombination unterschiedlicher Zielsetzungen geradezu gefordert wird, um in den wettbewerbsintensiven Umfeldern bestehen zu können.

Eine einmal präferierte Strategie darf nicht als unveränderliches Element den dynamischen Prozess des Zielkostenmanagements unterwandern. Vielmehr ist ein flexibles Strategiekonzept notwendig, welches in Abhängigkeit von der jeweils gegebenen Wettbewerbssituation ein rechtzeitiges Umschalten in die geeignetste Strategie ermöglicht. Diesem Anspruch wird der von Gilbert und Strebel im Jahre 1985 vorgestellte Ansatz der „Outpacing Strategies“ gerecht.[101]

Nach Kleinaltenkamp könnte man eine Outpacing Strategie mit Überholstrategie übersetzen. Sie zeichnet sich dadurch aus, „ (...) dass ein Unternehmen bei der strategischen Ausrichtung seiner Aktivitäten in Abhängigkeit von der jeweils gegebenen Wettbewerbssituation rechtzeitig zwischen den beiden Strategiealternativen wechselt, um so einen nachhaltigen Vorsprung vor der Konkurrenz zu erzielen.“[102] Durch die Verfolgung einer solch „dynamischen Strategiebetrachtung“ in Verbindung mit einem am Markt ausgerichteten Kostenmanagement wird es demnach

---

[98] Vgl. Buggert, W. / Wielpütz, A.: Target Costing - Grundlagen und Umsetzung des Zielkostenmanagements, a.a.O., S. 59.

[99] Vgl. Seidenschwarz, W.: Target Costing - Marktorientiertes Zielkostenmanagement, a.a.O., S. 98.

[100] Kato, Y.: Target costing support systems - Lessons from leading Japanese companies. In: Management Accounting Research (1993), Heft 4, S. 37. Zitiert nach: Seidenschwarz, W.: Target Costing - Verbindliche Umsetzung marktorientierter Strategien, a.a.O., S. 76.

[101] Vgl. Kleinaltenkamp, M.: Die Dynamisierung strategischer Marketing-Konzepte. In: zfbf (1987), Heft 1, S. 31-32.

[102] Ebenda, S. 32.

möglich, die Bedürfnisse der Kunden, die Kostenstruktur sowie die Preisgestaltung des Produkts gezielt mit den Erfordernissen des Marktes in Übereinstimmung zu bringen.[103] Um den oben beschriebenen Sachverhalt zu veranschaulichen, wird auf die nachfolgende Abbildung verwiesen.

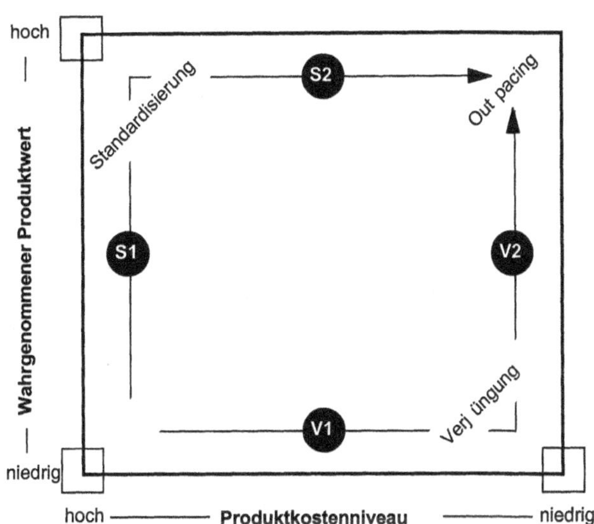

S1 Produktdifferenzierung mit produktfunktionaler Kostentransparenz

S2 Gezieltes, produktfunktionales Kostenmanagement unter Beachtung der erlaubten Kosten

V1 Gezielte, produktfunktionale Kostenreduktion unter Beachtung der erlaubten Kosten

V2 Gezielte produktfunktionale Differenzierung infolge der erlaubten Kosten

Abb. 7: Wege im Feld der Qutpacing-Strategien.
Quelle: Seidenschwarz, 1993, S. 103.

[103] Vgl. Buggert, W. / Wielpütz, A.: Target Costing - Grundlagen und Umsetzung des Zielkostenmanagements, a.a.O., S. 20.

3.2 Marktinformationen als Ausgangspunkt des Zielkostenmanagement-Prozesses

Determiniert durch die Prämissen der Unternehmensplanung und -strategie müssen im Unternehmen marktinitiierte Produktinnovationen geschaffen und in konkrete Produktkonzepte transformiert werden.[104] Zu bedenken ist hier, dass der Markt ein Produkt gemeinhin nur dann akzeptiert, wenn die vom Kunden geforderten Produktmerkmale in einer angemessenen Relation zum dafür abverlangten Preis stehen. Dementsprechend kann ein marktorientiertes Unternehmen auf „preistreibende" technologische Eitelkeiten im Sinne eines in Deutschland vorherrschenden Trends zum „Over-Engineering" sowie bestehende technologische Standards keine Rücksicht nehmen.[105] Das Produkt darf nicht mehr am Markt vorbeientwickelt werden, sondern muss in allen Phasen seiner Entstehung auf aktuelle Daten zurückgreifen. Nur auf diese Weise lassen sich Produkte entwickeln, die den Anforderungen des Marktes entsprechen und den Profit des Unternehmens auch in der Zukunft sichern.[106]

Damit das Zielkostenmanagement dem gestellten Anspruch gerecht wird, beginnt der eigentliche Prozess des Zielkostenmanagements, unter Zuhilfenahme der Marketingforschung[107],mit der Beschaffung von Marktinformationen, die, um die Marktnähe in dieser Phase zu gewährleisten, funktionsbereichsübergreifend zur Verfügung gestellt werden müssen.[108] Zur Informationsbeschaffung stehen der Marketingforschung zahlreiche Methoden und Instrumente zur Verfügung, die es ermögli-

[104] Vgl. Buggert, W. / Wielpütz, A.: Target Costing - Grundlagen und Umsetzung des Zielkostenmanagements, a.a.O., S. 61-62.

[105] Vgl. insbesondere Bullinger, H.-J. / Frech, J.: Kostenbewußtsein und Marktorientierung in Unternehmen des Mittelstandes. In: iO Management Zeitschrift (1994), Heft 10, S. 61; vgl. weiter: Seidenschwarz, W.: Target Costing - Marktorientiertes Zielkostenmanagement, a.a.O., S. 80.

[106] Vgl. Männel, W.: Marktorientierte Kostenvorgaben und frühzeitige Kostenbeeinflussung. In: krp (1994), Heft 2, S. 93.

[107] Da sich die vorliegende Arbeit grundsätzlich mit den Begebenheiten des Absatzmarktes befaßt [vgl. Fußnote Nr. 5], wird anstelle des Oberbegriffs „Marktforschung" der Begriff „Marketingforschung" verwendet, der im deutschsprachigen Raum üblicherweise als „Absatzmarktforschung" interpretiert wird. Vgl. hierzu: Weis, H. C. / Steinmetz, P.: Marktforschung, 2. Aufl., Ludwigshafen, Kiel 1995, S. 15.

[108] Vgl. Horváth, P. / Niemand, S. / Wolbold, M.: Target Costing - State of the Art. In: Horváth, P. [Hrsg.]: Target Costing, a.a.O., S. 7; vgl. weiter: Shapiro, B. P.: Was heißt eigentlich „marktorientiert" - Auf die Kunden eingehen – das sagt sich so leicht und ist so schwer getan, a.a.O., S. 56-57.

chen, zielgruppenbezogene Anforderungen zu erarbeiten. Durch den Einsatz eben dieser Methoden und Instrumente können potentielle Kundengruppen und gewünschte Produktmerkmale hinsichtlich Preis und Qualität ermittelt und in einem Lastenheft zusammengefasst werden. Unter Berücksichtigung der Vor- und Nachteile von Wettbewerberprodukten lassen sich auf Basis der gewonnen Informationen das Eigenschaftsprofil und die Positionierung des zu entwickelnden Produkts ableiten.[109] Mithin entsteht ein provisorisches Produktkonzept[110], welches die Grundlage einer konkreteren Definition der Produktmerkmale sowie des Zielpreises liefert.[111]

Um eine Marktorientierung über den gesamten Produktplanungsprozess hinweg zu gewährleisten, ist es notwendig, verschiedene Feedback- und Feedforward-Schleifen zu durchlaufen.[112] Beispielsweise erfolgt die Bewertung von Konstruktionsalternativen anhand der vom Kunden gewünschten Produktmerkmale. Bei diesem Informationsaustausch stellt die Marketingforschung die marktorientierte Ausrichtung insoweit sicher, als dass die aggregierten Informationen in konkrete Anforderungen an die zu erfüllenden Funktionen des Produkts transformiert werden. Im Rahmen des vorgegebenen Produktkonzeptes schließt sich an die funktionsorientierte Informationsverdichtung die Gewichtung der Funktionen in Übereinstimmung mit ihrer Bedeutung für den Kunden an.[113]

3.2.1 Identifikation zielgruppenbezogener Marktanforderungen

In den folgenden Ausführungen werden die notwendigen Schritte und Vorgehensweisen vorgestellt, die die Umsetzung der Kundenanforderungen in ein erfolgversprechendes Produktkonzept ermöglichen. Dies beginnt damit, dass das Unter-

---

[109] Vgl. Eversheim, W. / Schmidt, R. / Saretz, B.: Systematische Ableitung von Produktmerkmalen aus Marktbedürfnissen. In: iO Management Zeitschrift (1994), Heft 1, S. 66-67.

[110] Das Produktkonzept ist nicht so zu verstehen, dass es zur Leitschnur des Handelns wird, und der geforderte Marktorientierung nur noch eine subalterne Bedeutung zukommt. Vgl. hierzu: Kotler und Bliemel, die sich in ihren Ausführungen auf den Schreibmaschinenhersteller Olympia beziehen. Kotler, P. / Bliemel, F. W.: Marketing-Management - Analyse, Planung, Umsetzung und Steuerung, 7. Aufl. Stuttgart 1992, S. 20-21.

[111] Vgl. Stolze, J.: Zielkosten-Management - Wettbewerbsorientierte Kostenplanung, a.a.O., S. 24.

[112] Vgl. Horváth, P. / Niemand, S. / Wolbold, M.: Target Costing - State of the Art. In: Horváth, P. [Hrsg.]: Target Costing, a.a.O., S. 8.

[113] Vgl. ebenda, S. 8.

nehmen zunächst einmal „seine“ attraktivsten Marktsegmente analysiert und die angepeilte Kundengruppe als Zielmarkt für ein zu entwickelndes Produkt bestimmt.

3.2.1.1 Marktsegmentierung in der Entwurfsphase

Die Marktsegmentierung erlaubt durch die Aufteilung des Gesamtmarktes in abgrenzbare Markteinheiten eine zielgerichtete Produktentwicklung. Eine Abgrenzung erfolgt beispielsweise nach demographischen, geographischen oder einkommensspezifischen Merkmalen. Notwendige Voraussetzung hierfür ist jedoch, dass die Segmente klar voneinander abgrenzbar sind und eine Größe aufweisen, die individuelle wirtschaftliche Maßnahmen rechtfertigen.[114]

Durch die Marktsegmentierung wird beabsichtigt, identifizierte Zielgruppen gezielter ansprechen zu können. Folglich sollen sich die Produktvarianten auf eine bestimmte Kundengruppe beziehen, deren Erwartungen an das Produkt sich möglichst exakt beschreiben lassen. Zur Identifikation relevanter Zielgruppen eignen sich u.a. die Faktorenanalyse[115] und die Clusteranalyse[116], auf die in diesem Zusammenhang jedoch nicht weiter eingegangen wird. Auf der Basis der gewonnenen Daten kann nun ein auf den Zielmarkt abgestimmtes Produktkonzept entwickelt und der Produktpreis strategisch gesetzt werden.[117]

Die Tatsache, dass der Produktpreis bereits mit Abschluss der Zielmarktbestimmung strategisch festgelegt wird, rechtfertigt die Untersuchung zielpreisbeeinflussender Faktoren. Es würde über den Rahmen dieser Arbeit hinausgehen, auf alle zielpreisbeeinflussenden Faktoren einzugehen. Dennoch sollen insbesondere diejenigen Faktoren herausgestellt werden, welche die bereits beschriebene Determi-

---

[114] Vgl. Nieschlag, R. / Dichtel, E. / Hörschgen, H.: Marketing, 16. Aufl., Berlin 1991, S. 14 und 835 ff.

[115] Bei der Faktorenanalyse beschränkt man sich auf die Ermittlung einiger weniger Faktoren. Die Auswahl erfolgt unter Zuhilfenahme bestimmter, den Sachverhalt möglichst exakt beschreibender Merkmale, mit denen ein Ergebnis konstruiert wird. Vgl. Kotler, P. / Bliemel, F. W.: Marketing-Management - Analyse, Planung, Umsetzung und Steuerung, a.a.O., S. 171.

[116] Bei der Clusteranalyse werden in sich homogene Teilmengen gebildet [z.B. nach demografischen Merkmalen zusammengefasste Käuferschichten], die untereinander jedoch starke Unterschiede aufweisen [Kaufverhalten bestimmter Automobilmarken]. Welche Unterschiede zwischen den Käufern verschiedenartiger Marken bestehen, vermag diese Methode jedoch nicht zu beantworten. Vgl. Scheuch, F.: Marketing, 3. Aufl., München 1989, S. 105-106.

[117] Vgl. Seidenschwarz, W.: Target Costing - Marktorientiertes Zielkostenmanagement, a.a.O., S. 204.

nation des Target Costing durch die Unternehmensplanung und -strategie nochmals unterstreichen.

So darf die Festsetzung des Zielpreises nicht von den bestehenden Marktverhältnissen abhängig gemacht werden, sondern muss den strategischen Intentionen des Unternehmens folgen. Insofern ist es erforderlich, einen Zielpreisspielraum zu schaffen, der es ermöglicht, bei zunehmendem Konkurrenzdruck eine entsprechende Anpassung vornehmen zu können.[118] Die nachhaltige gewinnbringende Festlegung des Zielpreises muss darüber hinaus auch die Entwicklung der Preisdynamik im Zeitablauf berücksichtigten. Das heißt, die strategisch getroffene Preisentscheidung[119] beeinflusst den „Ausgangszielpreis" ebenso wie das denkbare Auftreten von Mitbewerbern im anvisierten Marktsegment.

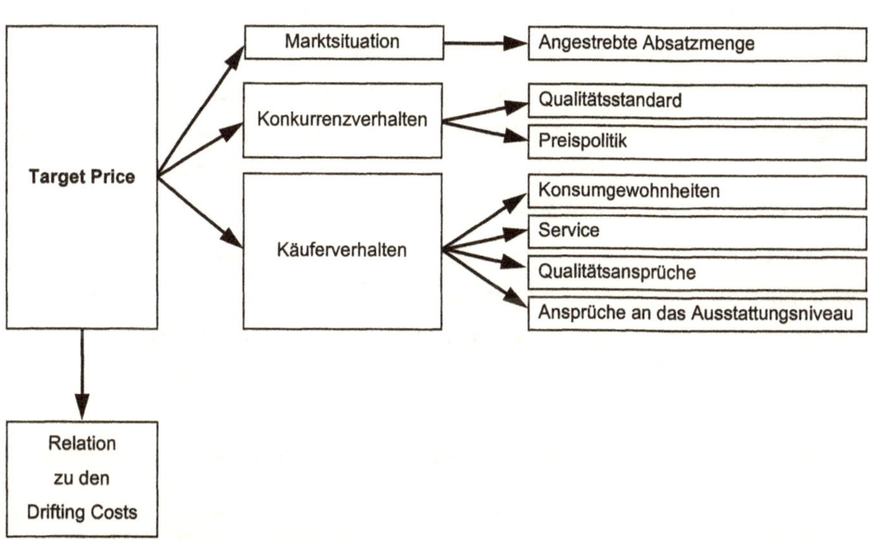

Abb. 8: Bestimmungsfaktoren des Zielpreises.
Quelle: Buggert / Wielpütz, 1995, S. 66.

[118] Vgl. Dambrowski, J.: Wie man mit Lean Target Costing effizient arbeiten kann. In: Horváth, P. [Hrsg.]: Effektives und schlankes Controlling, a.a.O., S. 279.

[119] Neben einigen anderen werden insbesondere die beiden gegensätzlichen Strategien des maximalen Absatzwachstums und die der maximalen Marktabschöpfung verfolgt. Bei der erstgenannten wird eine schnelle Marktdurchdringung durch einen niedrigen Einstiegspreis beabsichtigt. Die zweitgenannte schöpft, bedingt durch hohe Preise, zuerst den Markt ab und nimmt erst bei rückläufigen Absätzen Preissenkungen vor. Vgl. hierzu: Kotler, P. / Bliemel, F. W.: Marketing-Management - Analyse, Planung, Umsetzung und Steuerung, a.a.O., S. 693-694.

Der Preis ist jedoch in den seltensten Fällen das alleinige Entscheidungskriterium für den Kauf eines Produktes, was eine Untersuchung des Fraunhofer Instituts für Arbeitswissenschaft und Organisation (IAO) nachdrücklich belegt: „Fast die Hälfte aller befragten Unternehmen haben keine oder nur geringe Kenntnis darüber, welchen Preis ihre Kunden für einzelne Produktfunktionen zu zahlen bereit sind."[120] Ein Grund hierfür wird in der mangelnden Kommunikation zwischen den Abteilungen und dem Kunden gesehen. Insofern kann der team- und kundenorientierte Target Costing-Prozess dieser Problematik entgehen. Dennoch gilt es auch für das Zielkostenmanagement, das Produkt und damit den Kunden über den gesamten Produktlebenszyklus im Auge zu behalten und Folgekosten durch Serviceleistungen[121] und laufende Betriebskosten etc. bei der Preisgestaltung zu berücksichtigen.[122]

3.2.1.2 Identifikation von Kundenwünschen als Grundlage der Produktkonzeption

Nachdem der Zielmarkt, für den das Produkt entwickelt werden soll abgegrenzt ist, kommt es darauf an, das Produkt so zu entwickeln, dass es den Anforderungen der Zielgruppe entspricht und gleichzeitig minimale Entwicklungskosten verursacht. In diesem Zusammenhang kommt dem Faktor Qualität eine Schlüsselfunktion bei der kundenorientierten Produktentwicklung zu.[123]

Als Qualität wird durchweg die „ (...) Beschaffung eines Gegenstandes im Blick auf seine Eignung, festgelegte und vorausgesetzte Erfordernisse zu erfüllen"[124] verstanden. Nach Imai kann es aber eine allgemeingültige Definition des Qualitätsbegriffes nicht geben. Bezogen auf das Zielkostenmanagement ist es relevant festzu-

---

[120] Bullinger, H.-J. / Frech, J.: Kostenbewußtsein und Marktorientierung in Unternehmen des Mittelstandes, a.a.O., S. 61.

[121] Im Prozess des Target Costing entstehen Folgekosten i.d.R. durch einen erweiterten Service und nicht durch Qualitätsmängel, da die Qualität die Brücke zwischen den von den Kunden gewünschten Produktmerkmalen und dem realisierten Produkt bildet. Richtet sich ein Unternehmen an diesen Kundenanforderungen aus, kann der gesetzte Qualitätsmaßstab dann nicht zu Qualitätsmängeln führen, wenn die Kundenwünsche richtig erkannt und entsprechend umgesetzt wurden.

[122] Vgl. Sakurai, M.: Target Costing and how to use it. In: Journal of Cost Management for the manufacturing industry, a.a.O., S. 45; vgl. weiter: Horváth, P. / Seidenschwarz, W.: Zielkostenmanagement, a.a.O., S. 144.

[123] Buggert, W. / Wielpütz, A.: Target Costing - Grundlagen und Umsetzung des Zielkostenmanagements, a.a.O., S. 67.

[124] Specht, G.: Qualitätsmanagement im Innovationsprozess unter besonderer Berücksichtigung der Schnittstellen zwischen FuE und Vertrieb. In: Specht, G. / Silberer, G. / Engelhard, W. H.

halten, dass Qualität immer in Verbindung mit dem Zielmarkt gesehen werden muss.[125]

Grundsätzliches Ziel des Zielkostenmanagements ist es, die wertbildenden Faktoren „Nutzen" und „Aufwand" unter gleichzeitiger Berücksichtigung der existenten Konkurrenzprodukte kundengerecht zu optimieren.[126] Im Rahmen der Nutzenbetrachtung fällt der Kunde im Vergleich mit ähnlichen Produkten sein Urteil darüber, ob die Qualität dieses Produkts seinen Ansprüchen gerecht wird oder nicht. Die Qualität ist umso besser, je vollständiger die Kundenbedürfnisse erfüllt werden.[127] Der Aufwand hingegen kann mit dem Preis gleichgesetzt werden, den der Kunde für den Erwerb des Produkts aufbringen muss. Aus diesem Zusammenhang heraus kann man Qualität allgemein als „Maßstab für den Erfüllungsgrad der gestellten Anforderungen" beschreiben.[128]

Erforderlich sind Analysen, die die Nutzenerwartungen der Zielkunden an das Produkt zum Gegenstand haben.[129] Nur diesen Nutzen werden sie auch bereit sein, später über den Preis abzugelten. Folglich muss im Sinne von Gaiser und Kieninger der Aufwand dort betrieben werden, wo es der Kunde merkt und honoriert.[130]

Für eine erfolgsorientierte Produktentwicklung in wettbewerbsintensiven Märkten müssen neben der Ausrichtung auf die Funktionserfüllung auch subjektive Komponenten bei der Produktgestaltung Berücksichtigung finden. Für den Prozess des

---

[Hrsg.]: Marketing-Schnittstellen - Herausforderung für das Management, Stuttgart 1989, S. 143.

[125] Nach Imai besteht keine Einigkeit darüber, was Qualität eigentlich ausmacht. Er erweitert folglich den Qualitätsbegriff über die Produkte und Dienstleistungen hinaus, auf menschliche Verhaltensweisen im Arbeitsprozess. Vgl. hierzu: Imai, M.: Kaizen - Der Schlüssel zum Erfolg der Japaner im Wettbewerb, 4. Aufl., München 1994, S. 30-31; vgl. zur Anwendung des Qualitätsbegriffs im Target Costing Prozess: Buggert, W. / Wielpütz, A.: Target Costing - Grundlagen und Umsetzung des Zielkostenmanagements, a.a.O., S. 67.

[126] Vgl. hierzu: Abschnitt 2.3 „Grundprinzipien und Zielsetzungen des Target Costing".

[127] Vgl. Verein Deutscher Ingenieure: Ohne Titeleintrag. In: VDI Zentrum Wertanalyse [Hrsg.]: Wertanalyse - Idee, Methode, System, 4. Aufl., Düsseldorf 1991, S. 403, vgl. auch: Buggert, W. / Wielpütz, A.: Target Costing - Grundlagen und Umsetzung des Zielkostenmanagements, a.a.O., S. 116.

[128] Vgl. ebenda, S. 67.

[129] Vgl. hierzu insbesondere: Mittmann, B. / Kistner, W.: Konstruieren ohne Toleranzvorgaben - Bereichsübergreifende Bereitstellung von Informationen als Voraussetzung. In: VDI-Z (1995), Heft 6, S. 62-63.

[130] Vgl. hierzu noch einmal die Definition des Target Costing von Gaiser und Kieniger in Abschnitt 2.1 „Begriff des Target Costing und der Target Costs" und die dort angegebene Literatur.

Target Costing ist dieses Kriterium insofern relevant, als dass sich das Zielkostenmanagement primär auf komplexe Produkte konzentriert.[131] „Elementar im Target Costing ist deshalb die Fähigkeit des Target-Costing-Teams, den subjektiv wahrgenommenen Kundenwunsch in die entsprechenden technischen Funktionen eines Produkts umzusetzen."[132] Eine wirkungsvolle Unterstützung bietet hier das Quality Function Deployment (QFD), auf das an geeigneter Stelle noch ausführlicher einzugehen sein wird.[133]

Die Produktfunktionen können grundsätzlich in harte und weiche Funktionen unterschieden werden.[134] Harte Funktionen haben die Beschreibung technischer Eigenschaften eines Produkts zum Gegenstand. Ein Beispiel hierfür ist die maximale Spannkraft einer Spannvorrichtung oder auch die mit ihr erzielbare Spannleistung in Stück pro Minute. Weiche Funktionen beziehen sich dagegen auf die komfortable Nutzung durch den Kunden. Übertragen auf das gewählte Beispiel einer Spannvorrichtung drücken sich weiche Funktionen beispielsweise in einer leichten und bequemen Handhabung der Vorrichtung oder einer automatischen Reinigung aus.

Um ein Produkt so gestalten zu können, dass es den unterschiedlichen Nutzenerwartungen der Kunden entspricht, ist es also notwendig, die Wirkung der einzelnen Komponenten auf das Kundenempfinden zu kennen. Das bedeutet, dass eventuell vorhandene Informationen in funktionsbezogene Kundenanforderungen transformiert werden müssen. Zu dem Zweck wurden von der Markt- bzw. Marketingforschung spezielle Untersuchungsansätze, Datenerhebungs- und Auswertungsmethoden entwickelt.[135] Die in diesem Zusammenhang am häufigsten eingesetzte Methode ist die Conjoint-Analyse. [136] Neben der Möglichkeit Informationen in Kundenanforderungen zu übertragen, können mit dieser Methode besonders bei der

[131] Seidenschwarz, W. Target Costing - Verbindliche Umsetzung marktorientierter Strategien, a.a.O., S. 89.

[132] Ebenda, S. 79.

[133] Siehe Abschnitt 4.7.1.1 „Quality Function Deployment".

[134] Vgl. Horváth, P. / Seidenschwarz, W.: Zielkostenmanagement, a.a.O., S. 145-146.

[135] Vgl. Schubert, B.: Entwicklung von Konzepten für Produktinnovationen mittels Conjoint-Analyse, Stuttgart 1991, S. 100.

[136] Vgl. Balderjahn, I.: Der Einsatz der Conjoint-Analyse zur empirischen Bestimmung von Preisresponsefunktionen. In: Marketing ZfP (1994) Heft 1, S. 13.

Neuproduktentwicklung die Eigenschaften eines „Idealproduktes“ erhoben werden.[137] Dadurch ist eine objektivere Steuerung der Produktgestaltung möglich.

3.2.2 Ermittlung der Kundenanforderungen mit Hilfe der Conjoint-Analyse

„Die Conjoint-Analyse[138] ist ein Verfahren, das auf der Grundlage empirisch erhobener Gesamtnutzenwerte versucht, den Beitrag der einzelnen Komponenten zum Gesamtnutzen zu ermitteln.“[139] Hierfür werden von potentiellen Kunden[140] durch Befragung vollständige Produktversionen in Form experimentell vorgegebener und systematisch variierter Merkmalskombinationen beurteilt und in eine Rangordnung gebracht.[141] Da die Testpersonen nur Auskunft über die vollständige Produktversion geben, kommt diese Entscheidungssituation einer tatsächlichen Kaufentscheidung näher, als die Erfragung von Einzelpräferenzen.[142] Im Anschluss an die Gesamtbeurteilung werden die Gesamtnutzenwerte einer jeden Testperson zerlegt und einzeln untersucht. Aus den so ermittelten Teilnutzenwerten lässt sich unmittelbar der Beitrag jeder Produkteigenschaft am Gesamtnutzen ablesen und beurteilen, welche Auswirkungen eine Variation der Teilnutzenwerte hat. In einem abschließenden Schritt ist es nunmehr möglich, durch Aggregation der Teilnutzenwerte zu überprüfen, inwieweit die berechneten Gesamtnutzenwerte mit den erfragten Gesamtnutzenwerten des ersten Schrittes übereinstimmen.[143]

Um die theoretischen Ausführungen zu ergänzen, wird die Vorgehensweise der Conjoint-Analyse anhand eines konstruierten Beispiels kurz dargestellt.

---

[137] Vgl. Raffee, H.: Grundfragen und Ansätze des strategischen Marketing. In: Raffee, H. / Wiedemann, K.-P.: Strategisches Marketing, 2. Aufl., Stuttgart 1989. Zitiert nach: Seidenschwarz, W.: Target Costing - Marktorientiertes Zielkostenmanagement, a.a.O., S. 199.

[138] Neben dem Begriff Conjoint-Analyse findet man auch die Bezeichnung Conjoint-Measurement.

[139] Backhaus, K. / Erichson , B. / Plinke, W. / Weiber, R.: Multivariate Analysemethoden, 6. Aufl., Berlin u.a. 1990, S. 345.

[140] Die Befragung ist im allgemeinen auf potentielle Kunden begrenzt, um die Entscheidungssituation hinsichtlich des Abwägen von Vor- und Nachteilen realistischer zu gestalten und hierdurch ein zuverlässigeres Erhebungsergebnis zu erreichen. Vgl. hierzu: Kotler, P. / Bliemel, F. W.: Marketing-Management - Analyse, Planung, Umsetzung und Steuerung, a.a.O., S. 153-154 und 930-931; vgl. in Verbindung mit: Müller-Hagedorn, L. / Sewing, E. / Toporowski, W.: Zur Validität von Conjoint-Analysen. In: Zfbf (1993), Heft 2, S. 126.

[141] Vgl. Buggert, W. / Wielpütz, A.: Target Costing - Grundlagen und Umsetzung des Zielkostenmanagements, a.a.O., S. 72-73.

[142] Vgl. ebenda, S. 73.

[143] Vgl. Weis, H. C. / Steinmetz, P.: Marktforschung, a.a.O., S. 307.

Fiktive Ausgangssituation:
Bedingt durch die steigende Nachfrage nach Kupplungsbolzen, die in der Vergangenheit in einem einfachen Maschinenschraubstock spanabhebend bearbeitet wurden, ist die Idee zur Konstruktion einer transportablen Mehrfachspannvorrichtung entstanden. Die maximal aufzuwendende Handspannkraft soll hierbei den Wert von 150 Nm nicht überschreiten. Weiterhin ist ein Druckluftanschluss mit einem Druckwert von 7 bar vorhanden.

Anhand dieser Ausgangssituation müssen von den Probanden nunmehr diejenigen Produktmerkmale ausgewählt werden, die den größten Einfluss auf „ihre" Kaufentscheidung haben. Dies könnte beispielsweise der Preis und die technische Ausstattung sein, für die das Zielkostenmanagement-Team nun spezifische Ausprägungsvarianten festlegt.

SPANNVORRICHTUNG			
Merkmal	Ausprägungen dieser Merkmale		
Marke	Fabrikat X	Fabrikat Y	Fabrikat Z
Spannleistung	8 Stück/Minute	4 Stück/Minute	2 Stück/Minute
Preis	1.200 €	600 €	400 €
Bedienung	Hydro-pneumatisch		Manuell
Reinigung	Automatisch		Manuell
Ausstattung	4-fach Spannung		2-fach Spannung

Abb. 9: Entscheidungsalternativen bei einer Conjoint-Analyse.
Quelle: Eigene Darstellung.

Aus den im obigen Beispiel ersichtlichen Merkmalsausprägungen lassen sich 216 (= 3x3x3x2x2x2) unterschiedliche Spannvorrichtungen konstruieren. Die gesamte Kombination der Merkmalsausprägungen nennt man „vollständiges Design". Offenkundig lässt sich das vollständige Design mit Zunahme der Ausprägungen erhebungstechnisch nicht mehr bewältigen,[144] so dass in der Regel ein „reduziertes Design" von den Befragten beurteilt wird. Dabei ist zu beachten, dass die Reduzierung der theoretisch möglichen Kombinationen ohne wesentlichen Informationsverlust

[144] Vgl. Backhaus, K. / Erichson , B. / Plinke, W. / Weiber, R.: Multivariate Analysemethoden, a.a.O., S. 351.

verläuft.[145] Die Schwierigkeit besteht hierbei darin, diejenigen Merkmale zu ermitteln, die dem Kunden das von ihm angestrebte Nutzenniveau am besten vermitteln und darüber hinaus durch den Hersteller beeinflussbar und realisierbar sind.[146]

Konnte die Anzahl theoretisch möglicher Kombinationen sinnvoll begrenzt werden [im vorliegenden Fall beispielsweise auf sechs], wird für jede Merkmalskombination eine Karte[147] angefertigt. Die Karte wird auch „experimentelles Design" genannt und ermöglicht es, das zukünftige Aussehen bereits durch eine Abbildung zu verdeutlichen.[148] Anschießend werden die Karten den potentiellen Testkunden vorgelegt, die die Merkmalskombinationen nach ihrer persönlichen Rangfolge ordnen. Dabei schätzen die Probanden unter anderem ab, ob ihnen ein höherer Nutzen eine damit verbundene Preissteigerung wert ist.

Karten-Nr.	Marke	Bedienung	Leistung	Ausstattung	Reinigung	Preis
1	Fabrikat X	Hydro-pneumatisch	8 Stk. / Minute	4-fach Spannung	Manuell	1.200 €
2	Fabrikat Y	Manuell	4 Stk. / Minute	4-fach Spannung	Manuell	800 €
3	Fabrikat Z	Manuell	2 Stk. / Minute	2-fach Spannung	Automatisch	400 €
4	Fabrikat X	Hydro-pneumatisch	4 Stk. / Minute	2-fach Spannung	Automatisch	800 €
5	Fabrikat Y	Manuell	4 Stk. / Minute	4-fach Spannung	Automatisch	800 €
6	Fabrikat Z	Manuell	8 Stk. / Minute	4-fach Spannung	Automatisch	1.200 €

Abb. 10: Karte mit sechs möglichen Merkmalskombinationen.
Quelle: Eigene Darstellung.

Im Anschluss an die Klassifizierung werden mit Hilfe eines computergestützten Statistikprogramms die vorgenommenen Einstufungen analysiert und der, bezogen auf die einzelne Merkmalsausprägung empfundene Nutzen, abgeschätzt.[149] Nun kann

---

[145] Vgl. Bauer, H. H. / Hermann, A.: Preisfindung durch „Nutzenkalkulation" am Beispiel einer PKW-Kalkulation. In: Controlling (1993), Heft 5, S. 238.

[146] Vgl. Schubert, B.: Entwicklung von Konzepten für Produktinnovationen mittels Conjoint-Analyse, Stuttgart 1991. Zitiert nach: Buggert, W. / Wielpütz, A.: Target Costing - Grundlagen und Umsetzung des Zielkostenmanagements, a.a.O., S. 75; vgl. weiter: Backhaus, K. / Erichson , B. / Plinke, W. / Weiber, R.: Multivariate Analysemethoden, a.a.O., S. 348.

[147] Die Karten werden auch als „Experimentelles Design" bezeichnet. Vgl. Bauer, H. H. / Herrmann, A.: Preisfindung durch „Nutzenkalkulation" am Beispiel einer PKW-Kalkulation, a.a.O., S. 238.

[148] Vgl. Crawford, C. M.: Neuprodukt-Management, Frankfurt am Main, New York 1992, S. 161.

[149] Vgl. Kotler, P. / Bliemel, F. W.: Marketing-Management - Analyse, Planung, Umsetzung und Steuerung, a.a.O., S. 508.

die Frage: „Was wird der Kunde bereit sein, für bestimmte Merkmale zu zahlen ?“ [150] beantwortet werden.

Wie bereits angeführt, lässt sich der Beitrag jeder Produkteigenschaft zum Gesamtnutzen direkt aus den ermittelten Teilnutzenwerten ablesen. Somit ist es möglich, jeder Produktkomponente einen, dem jeweiligen Produktnutzenanteil entsprechenden Produktkostenanteil zuzuweisen. Damit ist gleichfalls die Bedingung erfüllt, die Ressourcen entsprechend den Produktwertrelationen der Kunden einzusetzen.[151]

Die Conjoint-Analyse hat in der Praxis eine hohe Relevanz, trotzdem stehen ihr auch einige Kritikpunkte gegenüber. So werden beispielsweise keine Wechselwirkungen zwischen den Produktmerkmalen berücksichtigt, was dann von großem Nachteil ist, wenn für den Kunden nur eine ganz bestimmte Kombination von Merkmalen eine nutzenstiftende Wirkung hat.[152] Weiterhin ist sie mit einem hohen Aufwand verbunden und stößt insbesondere mit Zunahme der Produktkomplexität an ihre Grenzen, da die Gefahr besteht, die Testpersonen möglicherweise zu überfordern. [153] Aus diesem Grund sollten die Produkteigenschaften sechs bis neun Merkmale nicht überschreiten.[154]

3.3 Methoden der Zielkostenfindung

Die Vorgehensweisen zur Ermittlung der Zielkosten in japanischen Unternehmen sind uneinheitlich. Dieser Umstand wurde bereits in Abschnitt 2.2 durch die Beschreibung der unterschiedlichen Ansätze zur Zielkostenfestlegung für ein Gesamtprodukt kurz dargestellt. In einer ersten Systematisierung lassen sich die gezeigten

[150] Vgl. Rummel, K.: Zielkosten-Management - Der Weg, Produktkosten zu halbieren und Wettbewerber zu überholen. In: Horváth, P. [Hrsg.]: Effektives und schlankes Controlling, a.a.O., S. 233.

[151] Vgl. Seidenschwarz, W.: Target Costing - Marktorientiertes Zielkostenmanagement, a.a.O., S. 205.

[152] Vgl. ebenda, S. 208.

[153] Vgl. Eversheim, W. / Schmidt, R. / Saretz, B.: Systematische Ableitung von Produktmerkmalen aus Marktbedürfnissen, a.a.O., S. 69.

[154] Vgl. Seidenschwarz, W.: Target Costing - Marktorientiertes Zielkostenmanagement, a.a.O., S. 207; Seidenschwarz führt in seinen Ausführungen weitere Aspekte an, die gegen den Einsatz der Conjoint-Analyse sprechen; vgl. ebenda: 206-208.

Konzeptionen in eine Subtraktionsmethode, eine Additionsmethode und ein Gegenstromverfahren untergliedern.[155]

Bei der Subtraktionsmethode werden die Zielkosten retrograd aus dem Zielpreis und dem Zielgewinn abgeleitet, wohingegen die Additionsmethode die Zielkosten „bottom up" in Abhängigkeit vorhandener Fähigkeiten, Fertigkeiten und Kapazitäten des Unternehmens berechnet. Beim Gegenstromverfahren erfolgt eine Kombination beider Verfahren. Das heißt, die Fähigkeiten des Unternehmens und die Parameter des Marktes werden in den Planungsprozess eingebunden und entsprechend berücksichtigt. Seidenschwarz detailliert die Methoden der Zielkostenfindung weiter und unterscheidet folgende fünf Arten:[156]

(1) Market into Company,
(2) Out of Competitor,
(3) Out of Company,
(4) Out of Standard Costs und
(5) Into and out of Competitor.

Er schränkt zudem ein, dass ausschließlich die erstgenannte Form „Market into Company" die Forderung nach einer konsequenten Marktorientierung erfüllt und bezeichnet diese als die „Reinform" des Zielkostenmanagements.[157] Dementsprechend werden die vier letztgenannten Konzepte von ihm nur als Hilfsformen angesehen.[158]

Neben der Ermittlung des Zielpreises kommt der festzulegenden Gewinnvorgabe[159] ein besonderes Gewicht zu, da ohne sie eine Berechnung der Zielkosten nicht erfolgen kann. Als Grundlage für die Gewinnvorgabe wird von Seidenschwarz die

---

155 Vgl. Horváth, P. / Seidenschwarz, W.: Zielkostenmanagement, a.a.O., S. 144.

156 Vgl. Seidenschwarz, W.: Target Costing - Ein japanischer Ansatz für das Kostenmanagement, a.a.O., S. 199.

157 Vgl. ebenda, S. 199.

158 Vgl. ebenda, S. 199-200.

159 Anstelle des Begriffs „Gewinnvorgabe" wird auch der Terminus „Zielgewinnspanne" bzw. „Target Margin" verwendet.

Umsatzrentabilität vorgeschlagen, da einzig durch sie eine markt- und produktbezogene Steuerung des Unternehmens gewährleistet ist.[160]

Da sich die Umsatzrentabilität exakt für jedes Produkt beziffern lässt, stellt sie zudem wichtige Informationen im Rahmen von Make-or-Buy-Überlegungen zur Verfügung.[161]

$$\text{Umsatzrentabilität} = \frac{\text{Gewinn}}{\text{Umsatz}} \times 100$$

Abb. 11: Umsatzrentabilität, abgeleitet aus dem Return on Investment (RoI).
Quelle: Perridon / Steiner, 1993, S. 490-493 und 496-498.

$$\text{Produktbezogene Umsatzrentabilität} = \frac{\text{Produktbezogene Gewinnvorgabe}}{\text{Produktbezogener Umsatz}} \times 100$$

Abb. 12: Produktbezogene Umsatzrentabilität als Gewinnvorgabe im Zielkostenmanagement.
Quelle: Horváth, 1994, S. 569 in Verbindung mit: Seidenschwarz, 1993, S. 122.

Durch Anwendung einer der oben genannten Methoden ergeben sich die Kosten, die bei der Herstellung eines neuen Produkts maximal anfallen dürfen. Auf der Grundlage dieser Informationen ist nunmehr eine Entscheidung zu treffen, ob mit Hilfe der Instrumente des Zielkostenmanagements das angestrebte Kostenniveau erreicht werden kann oder ob ein Rückzug aus dem betreffenden Marktsegment angebracht erscheint.[162]

Nachdem die fundamentalen Bestandteile der Zielpreisbestimmung beschrieben wurden, können im weiteren Verlauf die verschiedenen Arten der Zielkostenfindung im Hinblick auf ihre Eignung für ein marktorientiertes Kostenmanagement untersucht und spezifische Einsatzgebiete eruiert werden. Aufgrund der hohen Bedeu-

---

[160] Vgl. Seidenschwarz, W.: Target Costing - Marktorientiertes Zielkostenmanagement, a.a.O., S. 122.

[161] Vgl. Buggert, W. / Wielpütz, A.: Target Costing - Grundlagen und Umsetzung des Zielkostenmanagements, a.a.O., S. 44.

[162] Vgl. Zillmer, D.: Target Costing - Japanische und amerikanische Erfahrungen. In: Controller Magazin (1992), Heft 5, S. 286.

tung wird das Hauptaugenmerk auf das Konzept „Market into Company" gelegt und die Charakteristiken der Hilfsformen nur kurz umrissen.

3.3.1 Market into Company

Beim Konzept „Market into Company" erfolgt die Bestimmung der Zielkosten mit Hilfe der Marketingforschung. Dementsprechend wird in einem ersten Schritt derjenige Preis ermittelt, der am Markt für ein geplantes Produkt erzielt werden kann. In einem weiteren Schritt wird aus dem erzielbaren Preis die geplante Gewinnspanne herausgerechnet. Durch diese Subtraktion ergeben sich die vom Markt erlaubten Kosten. Den Erlaubten Kosten werden die Standardkosten des Unternehmens gegenübergestellt, die in der augenblicklichen Situation für das Produkt anfallen würden. Obwohl die Standardkosten eher technischer Natur sind, ist es wesentlich, auch die Entwicklungs-, Vertriebs- und Verwaltungsgemeinkosten zu berücksichtigen.[163]

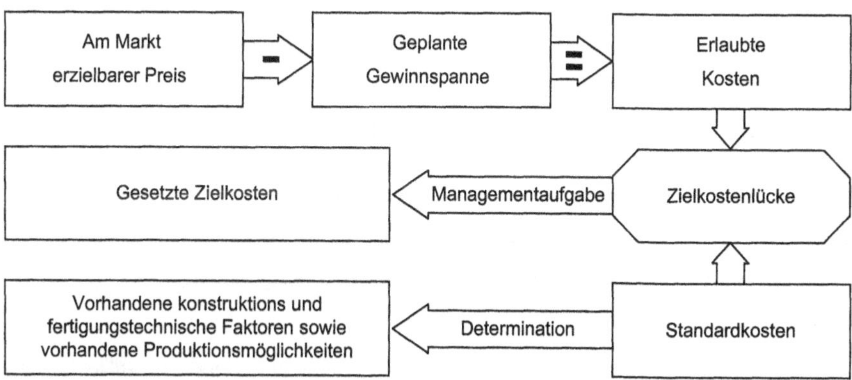

Abb. 13: Konzept „Market into Company".
Quelle: In Anlehnung an: Buggert, 1995, S. 82.

Sofern sich das geplante Neuprodukt ohne weitere Innovationen realisieren lässt und hierbei die im Unternehmen vorhandenen Technologien zum Einsatz kommen,

---

163 Nach Dambrowski kann durch das Einbeziehen der Gemeinkosten in die Kostenvorgabe das Einsparungspotential erheblich gesteigert und die Glaubwürdigkeit gegenüber der Fertigung erhöht werden. Vgl. Dambrowski, J.: Wie man mit Lean Target Costing effizient arbeiten kann. In: Horváth, P. [Hrsg.]: Effektives und schlankes Controlling, a.a.O., S. 282.

ist es möglich, die Standardkosten auf Basis des vorhandenen Zahlenmaterials durch Schätzungen zu ermitteln.[164] Bewirken die Neuprodukte hingegen auch Modifikationen in den Verfahren oder der Technologie des Unternehmens, gestaltet sich die Prognose der Standardkosten schwieriger. Es muss auf Näherungswerte zurückgegriffen werden, die sich aus Analogieschlüssen bestehender Produkte und Prozesse ergeben.[165] In diesem Zusammenhang gewinnt die Nutzung integrierter Informationssysteme mit einer einheitlich definierten Prozessstruktur sowie die Anwendung moderner Kalkulationstechniken wie etwa die Fuzzy Kalkulation zunehmend an Bedeutung.[166] Die Fuzzy Kalkulation ermöglicht es dem Konstrukteur seine augenblicklichen Kenntnisse über die Werkstückgeometrie durch Angabe unscharfer Geometriegrößen in die Kalkulationsrechnung einzubringen. Die Angabe unscharfer Geometriegrößen ist hierbei so zu verstehen, dass es realisierbar ist, sprachlich definierte Wertzuweisungen wie: „ungefähr 50 mm“, etwa zwischen „10 und 12 mm“ oder „mindestens 20 mm“ in ein Computersystem einzugeben und kalkulieren zu lassen.[167]

Die eigentlichen Zielkosten leiten sich nun aus der Differenz zwischen den Erlaubten Kosten und den Standardkosten ab. Es entsteht also eine Zielkostenlücke, innerhalb welcher die Höhe der Zielkosten von Seiten des Managements zu bestimmen ist. In der Literatur wird als Anhaltspunkt etwa die Hälfte der Differenz vorgeschlagen.[168] Dieser Wert ist jedoch nicht als ultimatives Ziel fehl zu interpretieren, sondern muss im Kontext zu den Möglichkeiten des Unternehmens und der Intensität des Wettbewerbs gesehen werden. Demnach ist es unerlässlich, die Zielkos-

---

[164] Vgl. Sakurai, M.: Target Costing and how to use it. In: Journal of Cost Management for the manufacturing industry, a.a.O., S. 43.

[165] Vgl. Dambrowski, J.: Wie man mit Lean Target Costing effizient arbeiten kann. In: Horváth, P. [Hrsg.]: Effektives und schlankes Controlling, a.a.O., S. 285.

[166] In Anlehnung an die thematische Eingrenzung zu Beginn dieser Arbeit soll auf die Verfahren zur effektiven Gestaltung von Geschäftsprozessen grundsätzlich nicht weiter eingegangen werden. Dennoch sei in Zusammenhang mit der Ermittlung von Näherungswerten aus bestehenden Prozessen auf das Sichtenmodell [ARIS] von Scheer hingewiesen. In diesem Modell werden Unternehmensprozesse in Sichten zerlegt und mittels einer einheitlichen Modellierungstechnik prozessoptimiert gestaltet. Insofern ist eine variable Kombination von Prozessen und den damit verbundenen Kosten möglich. Vgl. Scheer, A.-W.: Wirtschaftsinformatik, 5. Aufl., Berlin u.a. 1994, S. 4, 10, 615-622 und 625 in Verbindung mit S. 676-682.

[167] Vgl. Wolfram, M. / Lang, M. / Ehrlenspiel, K.: Fuzzy Kalkulation - Kostenkalkulation mit unscharfen Geometriegrößen. In: VDI-Z (1995), Heft 1/2, S. 53-56.

ten bei massivem Wettbewerb sowie günstigen Unternehmensbedingungen hinsichtlich der Zielkostenrealisierung den vom Markt erlaubten Kosten weiter anzunähern.[169] Ferner stellt der im Bereich der Zielkostenlücke festgelegte Wert nur ein Zwischenziel auf dem Weg zur Erreichung der Erlaubten Kosten dar, welches aufgrund seiner Höhe die Kreativität und Motivation der Mitarbeiter zur Kostensenkung herausfordern soll.[170]

3.3.2 *Out of Competitor*

Bei der Methode „Out of Competitor" handelt es sich gleichfalls um ein Subtraktionsverfahren. Ausschlaggebend für die Herleitung der Zielkosten sind die Standardkosten der Konkurrenz. Dabei wird vorgeschlagen, sich auf den leistungsstärksten Konkurrenten zu beziehen. Problematisch ist jedoch die Beschaffung adäquater Kosteninformationen, die unerlässlich sind, um die strategische Entscheidung, ein vergleichbares Produkt zu einem niedrigeren Preis anzubieten bzw. mit deutlich besseren Eigenschaften auszustatten, treffen zu können.

Neben dem Umstand, dass die Konkurrenz auf eine derartige Markt- und Preispolitik entsprechend reagieren wird, bezeichnet man die Methode von Seidenschwarz als ein „Status quo-Vergleich" bezeichnet, da sich diese Form an den Vergangenheitswerten der Konkurrenz orientiert.[171] Das Unternehmen läuft Gefahr, immer „nur das Zweitbeste" zu sein.[172] Aus diesem Grund findet diese Methode in der Praxis, hinsichtlich der Festlegung von Gesamtproduktzielkosten kaum Anwendung, wohl aber auf Komponenten- und Bauteilebene.

---

168 Vgl. Seidenschwarz, W.: Target Costing - Ein japanischer Ansatz für das Kostenmanagement, a.a.O., S. 200.

169 Vgl. Seidenschwarz, W.: Target Costing - Marktorientiertes Zielkostenmanagement, a.a.O., S. 127.

170 Vgl. Buggert, W. / Wielpütz, A.: Target Costing - Grundlagen und Umsetzung des Zielkostenmanagements, a.a.O., S. 81.

171 Vgl. Seidenschwarz, W.: Target Costing - Ein japanischer Ansatz für das Kostenmanagement, a.a.O., S. 200.

172 Vgl. Niemand, S.: Target Costing - Konsequente Marktorientierung durch Zielkostenmanagement. In: Fortschrittliche Betriebsführung und Industrial Engineering [FB/IE] (1992), Heft 3, S. 119.

3.3.3 *Out of Company*

Die dem Additionsprinzip folgende Vorgehensweise „Out of Company" bedient sich zur Zielkostenbestimmung unternehmensinterner Informationen, die im Hinblick auf ihre Markttauglichkeit bewertet werden. Problematisch erscheint bei dieser Variante, dass von den an der Produktentwicklung beteiligten Personen, umfassende Kenntnisse über die dem Produkt zugrundeliegenden Markt- und Kostenrelationen verlangt werden. Folglich müsste sich jeder einzelne Mitarbeiter mit seiner Funktion permanent selbst und in Abstimmung zu den anderen Beteiligten auf den Markt hin positionieren. Hiermit ist eine über das Maß hinausgehende Selbständigkeit von den Mitarbeitern verbunden.

3.3.4 *Out of Standard Costs*

Grundlage der additiven Deduktion der Zielkosten beim Konzept „Out of Standard Costs" sind die Standardkosten des Unternehmens. Unter Zuhilfenahme von Kostenvergleichen mit der Konkurrenz und der Analyse vorhandener Fähigkeiten werden die Zielkosten durch Abschläge vom Standardkostenniveau festgelegt.[173] Dabei versucht die unterbreitete Methodik durch Ableitung der Zielkosten aus bereits abgeschlossenen Projekten und unter Berücksichtigung gegenwärtig zu erzielender Kostensenkungspotentiale wenigstens eine indirekte Marktorientierung zu erhalten. Im allgemeinen wird sie nur als „Spezialform zur Ermittlung von Hilfsgrößen" für unterstützende Bereiche von Industrieunternehmen ohne direkten Marktbezug gesehen.[174]

3.3.5 *Into and out of Company*

Das Verfahren „Into and out of Company" verbindet die Ansätze des „Market into Company" und „Out of Company" miteinander. Im Zuge der Gegenstromtechnik fließen somit die Aspekte des Marktes und unternehmensinterne Möglichkeiten in die Fixierung der Zielkosten ein. Aufgrund des hohen Abstimmungsaufwandes und

[173] Vgl. Seidenschwarz, W.: Target Costing - Marktorientiertes Zielkostenmanagement, a.a.O., S. 129.

[174] Buggert / Wielpütz führen mit Bezug auf Sakurai als Beispiel für einen unterstützenden Unternehmensbereich das Softwaremanagement an, dessen Kostenanteil an den Gesamtkosten aufgrund der zunehmenden Automation der Fertigung ständig zunimmt und folglich einen wettbewerbsrelevanten Charakter erhält. Vgl. Buggert, W. / Wielpütz, A.: Target Costing - Grundlagen und Umsetzung des Zielkostenmanagements, a.a.O., S. 86.

der damit verbundenen Gefahr, dass die Belange des Marktes nur vordergründig einbezogen werden, findet dieses Konzept gemeinhin nur eine geringe Akzeptanz.

Wie bereits angedeutet, ist die konsequenteste Methode zur Festlegung der Zielkosten das Konzept „Market into Company". Infolgedessen wird diese Methode für die weitere Betrachtung zugrunde gelegt.

3.4 Kostenspaltung für das Gesamtprodukt

Wie bereits angesprochen ist es bei der Produktgestaltung bedeutend, neben den rein funktionalen Aspekten auch subjektive Nutzenelemente zu berücksichtigen.[175] Dieser Gedanke kommt durch ein Zitat von Sebastian und Simon noch einmal zum Ausdruck: „Das beste Angebot ist wertlos, wenn der Nutzen vom Kunden nicht erkannt wird bzw. dieser dem Nutzen keine Bedeutung zumisst".[176] Damit erweitert sich die Fragestellung der Zielkostenfindung „Was darf ein Produkt kosten ?" in der Phase der Zielkostenspaltung um die funktionale Frage „Was muss ein Produkt können ?".[177] Unter dieser Prämisse erfolgt die Zielkostenspaltung des Gesamtprodukts.

Zum Zwecke der Zielkostenspaltung lassen sich grundsätzlich zwei Methoden unterscheiden: Die Komponentenmethode und die Funktionsbereichsmethode. Beide sind Grundlage der nachfolgenden Erläuterungen. Hierbei zeigt Abbildung 14 den elementaren Aufbau einer Spannvorrichtung, anhand derer die Zerlegung des Gesamtproduktes in seine Komponenten nachvollzogen werden kann.

---

[175] Die Literatur unterteilt den Nutzen eines Produkts in objektiv wahrnehm- und messbare Produkteigenschaften [characteristics] und solche, die erst durch Nutzung des Produkts eine bedürfnisbefriedigende Wirkung zeigen [benefits bzw. imageries]. Vgl. hierzu: Seidenschwarz, W.: Target Costing - Marktorientiertes Zielkostenmanagement, a.a.O., S. 152-153; vgl. auch: Kotler, P. / Bliemel, F. W.: Marketing-Management - Analyse, Planung, Umsetzung und Steuerung, a.a.O., S. 426-427.

[176] Sebastian, K.-H. / Simon, H.: Wie Unternehmen ihre Produkte genauer positionieren. In: Harvard Manager (1989), Heft 1, S. 92.

[177] Vgl. Krogh, H.: Kunden im Visier. In: Manager Magazin (1992), Heft 12, S. 262.

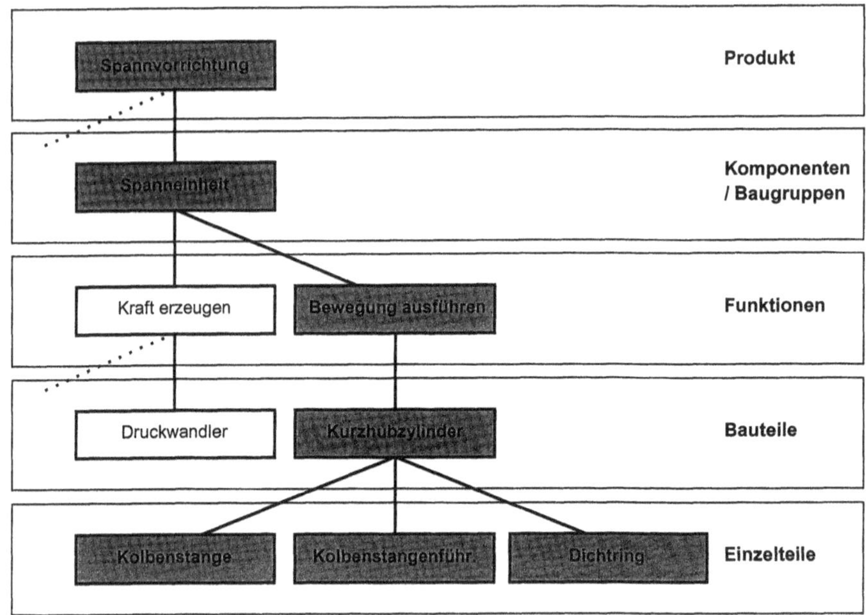

Abb. 14: Zerlegung des Gesamtproduktes in seine Elemente (Auszug).
Quelle: In Anlehnung an: Becker, 1993, S. 283.

3.4.1 Kostenspaltung unter Anwendung der Komponentenmethode

Bei der Komponentenmethode werden die Zielkosten bereits in der ersten Stufe auf die einzelnen Komponenten und Baugruppen verteilt.[178] Um den Kostenreduktionsbedarf zwischen den Ist-Kostenwerten und den Zielkostenwerten zu analysieren, wird die Kostenstruktur eines Referenzmodells in die Preisfindungsüberlegungen mit einbezogen. Als Referenzmodell kann beispielsweise ein Vorgängermodell, ein vergleichbares Produkt oder auch ein Konkurrenzprodukt dienen. Dem damit verbundenen Nachteil, die Kostenstruktur des Referenzmodells einfach fortzuschreiben, kann durch eine anschließende Neubewertung der Kostenanteile hinsichtlich ihres Beitrages zum Kundennutzen behoben werden. Grundlage hierfür sind u.a.

[178] Vgl. Peemöller, V. H.: Zielkostenrechnung für die frühzeitige Kostenbeeinflussung, a.a.O., S. 379.

unternehmensinterne Erfahrungen mit dem Vorgängermodell oder Bewertungen durch Schlüsselkunden.[179]

Da es notwendig ist, auf Kostenwerte vergleichbarer Produkte zurückzugreifen, ist das Einsatzgebiet auf gering innovative Produkte bzw. die Entwicklung von Varianten beschränkt.

3.4.2 Kostenspaltung unter Anwendung der Funktionsbereichsmethode

Entgegen der Komponentenmethode werden bei der Funktionsbereichsmethode die Zielkosten zuerst entsprechend der Wertschätzung des Kunden auf die einzelnen Produktfunktionen verteilt. Erst im Anschluss daran erfolgt die Kostenverteilung auf die die Funktionen realisierenden Komponenten und Baugruppen. Da die Wertrelationen der Kunden für Produktfunktionen und nicht für Komponenten ermittelt werden, wird das Problem, dass technisch nicht sachverständige Kunden einzelnen Produktteilen keinen eigenständigen Nutzen zuordnen können, umgangen. Insofern ist die Funktionsbereichsmethode eher dazu geeignet, die Anforderungen des Kunden zu erfüllen. Sie wird u.a. auch aus diesem Grund bevorzugt für neuartige und komplexe Produkte eingesetzt. Entsprechend ihrer Bedeutung bildet die Funktionsbereichsmethode den Schwerpunkt der folgenden Ausführungen.

3.4.3 Schritte der Zielkostenspaltung

Da sich, wie beschrieben, die Gesamtzielkosten für die Entwicklung und Verwirklichung eines Produkts in der Regel als zu komplex erweisen, um spezifische Maßnahmen zur Zielkostenerreichung einzuleiten, wurde von Tanaka ein Modell der Zielkostenspaltung entwickelt.[180] Das Grun€odell, welches sich in fünf Schritte gliedert, wurde in der Folge von Horváth und Seidenschwarz aufgegriffen und in einen achtstufigen Prozess erweitert.[181] Mit dieser Systematisierung gelingt es, die Ziel-

---

[179] Vgl. Gaiser, B. / Kieninger, M.: Fahrplan für die Einführung des Target Costing. In: Horváth, P. [Hrsg.]: Target Costing, a.a.O., S. 66.

[180] Vgl. Tanaka, M.: Cost planning and control systems in the design phase of a new product. In: Monden, Y. / Sakurai, M. [Hrsg.]: Japanese Management Accounting Tanaka. Cambridge, Massachusetts 1989, S. 49 ff. Abgedruckt in deutscher Sprache bei: Freidank, C.: Kostenrechnung, 5. Aufl., München, Wien 1994, S. 360 ff.

[181] Vgl. Horváth, P. / Seidenschwarz, W.: Die Methodik des Zielkostenmanagements. In: Controlling-Forschungsbericht Nr. 33 des Lehrstuhls Controlling am Betriebswirtschaftlichen Institut der Universität Stuttgart, a.a.O., S. 11 ff.; vgl. auch: Horváth, P. / Seidenschwarz, W.: Zielkostenmanagement, a.a.O., S. 142-150.

kosten gemäß ihrem Beitrag, welchen sie zur Erfüllung der vom Kunden gewünschten Produktfunktionen leisten, auf Komponenten, Baugruppen und -teile herunterzubrechen. Die Vorgehensweise gestaltet sich dabei wie folgt:[182]

Erster Schritt

In einem ersten Schritt wird das Produkt in harte und weiche Funktionen aufgegliedert. Harte Funktionen definieren die technische Leistungsfähigkeit eines Produktes, weiche Funktionen dienen der Benutzerfreundlichkeit und legen den Wert des Produkts für den Kunden fest.[183]

Zweiter Schritt

Im zweiten Schritt werden alle notwendigen Funktionen summiert. Mittels Unterstützung durch potentielle Kunden wird im Rahmen einer Kundenbefragung eine Gewichtung vorgenommen und das Verhältnis von harten zu weichen Produktfunktionen bestimmt. In diesem Zusammenhang bietet sich die Conjoint-Analyse an, um eine ausreichende Validität zu gewährleisten.

Dritter Schritt

Auf der Grundlage dieser Gewichtung kann nun ein Grobentwurf des neuen Produkts erstellt werden. Dieser Entwurf legt die Produktkomponenten fest, durch die die harten sowie die weichen Funktionen des Produkts realisiert werden. Zudem wird die Herstellung eines Prototyps angeraten, um die kundenorientierte Funktionserfüllung leichter überprüfen zu können.

Vierter Schritt

Der Grobentwurf und der Prototyp schaffen die Voraussetzung, eine Kostenschätzung[184] der einzelnen Produktkomponenten vornehmen zu können. Von Bedeutung

---

[182] Für die Erarbeitung der aufgeführten Schritte der Kostenspaltung lag folgende Literatur zu Grunde: Vgl. Horváth, P. / Seidenschwarz, W.: Zielkostenmanagement, a.a.O., S. 142-150; vgl. Peemöller, V. H.: Zielkostenrechnung für die frühzeitige Kostenbeeinflussung, a.a.O., S. 378-379; vgl. Franz, K. P.: Target Costing - Konzept und kritische Bereiche, a.a.O., S. 132-133; vgl. Hieke, H.: Rechnen mit Zielkosten als Controllinginstrument. In: WiSt (1994), Heft 10, S. 498-502.

[183] Vgl. Abschnitt 3.2.1.2 „Identifikation von Kundenwünschen als Grundlage der Produktkonzeption".

[184] Die Kostenschätzung erfolgt auf Vollkostenbasis mittels der vorhandenen Kostenrechnung und unter Zugrundelegen des gegenwärtigen Technologiestandes. Vgl. hierzu: Abschnitt 2.4 „Target Costing als Ergänzung traditioneller Kostenrechnungskonzepte"; vgl. weiter: Coenenberg, A. G. / Fischer, T. / Schmitz, J.: Target Costing und Product Life Cycle Costing als Instrumente des Kostenmanagements, a.a.O., S. 12.

ist, dass die Kostenschätzung auf Vollkostenbasis erfolgt, damit die Gemeinkosten frühzeitig in der marktorientierten Kostenplanung berücksichtigt werden.[185] Ferner ist es möglich, durch Verteilung der Kosten auf die einzelnen Bestandteile, Aufschluss über die Zusammensetzung der Gesamtkosten des Produkts zu erlangen. Die nach Abschluss des vierten Schrittes vorliegende Kostenstruktur wird als Ist-Kostenstruktur bezeichnet, die der Soll-Kostenstruktur des fünften Schrittes gegenübergestellt wird.[186]

Fünfter Schritt

Der fünfte Schritt dient der Gewichtung der Produktkomponenten. Hierfür werden die Funktionskategorien und die diese Funktionen realisierenden Komponenten in einer Matrix einander gegenübergestellt. Durch Analyse der Frage: „Mit welchem Gewicht werden die einzelnen harten und weichen Teilfunktionen realisiert ?“[187], wird die Verbindung zwischen Funktionen und Komponenten hergestellt. Hierbei wird der jeweilige Anteil der Funktionserfüllung durch die Komponenten im Wege einer Schätzung bestimmt.[188]

Die Kostenspaltung ist nach Abschluss des fünften Schrittes, zumindest bis auf die Komponentenebene, abgeschlossen.[189] Ziel ist es nun, nachdem jeder Komponente kundenorientierte Erlaubte Kosten zugewiesen sind, diese auch zu erreichen.

Sechster Schritt

Unter Bezug auf obige Aussage ist im folgenden ein Zielkostenindex aufzustellen, der anzeigt, inwieweit die Idealforderung, die der Kostenspaltung zugrunde liegt, erfüllt ist. Nach der Idealforderung soll „der Ressourceneinsatz für eine Komponente genau der Gewichtung durch den Kunden für diese Komponente entspre-

---

[185] Vgl. Niemand, S.: Target Costing im Anlagenbau. In: krp (1993), Heft 5, S. 329.

[186] Vgl. ebenda, S. 329.

[187] Jakob, F.: Target Costing im Anlagenbau - Das Beispiel der LTG Lufttechnische GmbH. In: Horváth, P. [Hrsg.]: Target Costing, a.a.O., S. 169.

[188] Vgl. Niemand, S.: Target Costing im Anlagenbau, a.a.O., S. 329.

[189] Grundsätzlich erfolgt eine weitere Untergliederung der Komponenten in die darin enthaltenen Baugruppen und Einzelteile. Das gilt insbesondere für hochkomplexe Produkte. Auf diesen unteren Ebenen wird jedoch keine Beurteilung durch Testpersonen, sondern von einem Entwicklungsteam vorgenommen, da für den Kunden in der Regel nur die gesamte Komponente bzw. das vollständige Produkt nutzenstiftend ist. Weiterhin stehen einer Bewertung durch Probanden auf den unteren Produktebenen Wirtschaftlichkeitsüberlegungen entgegen. Vgl. Coenenberg,

chen."[190] Dies bedeutet, dass jeder Funktion mit zunehmender Wertschätzung durch den Kunden auch höhere Zielkosten zugestanden werden. Es ist jedoch zu bedenken, dass Funktionsverbesserungen mitunter auch kostenneutral bzw. kostenmindernd sind, beispielsweise durch Materialsubstitution oder -einsparung.[191]

Der Zielkostenindex errechnet sich wie folgt:

$$\text{Zielkostenindex} = \frac{\text{Bedeutungsgrad der Produktkomponente in Prozent [Schritt 5]}}{\text{Kostenanteil der Komponente in Prozent [Schritt 4]}}$$

Abb. 15: Berechnung des komponentenbezogenen Zielkostenindizes.
Quelle: Buggert / Wielpütz, 1995, S. 94.

Eine optimale Erfüllung der Kundenanforderungen wäre bei einem Zielkostenindex von **1** gegeben, da in diesem Fall der Kostenanteil der Komponente genau dem Gewicht entspricht, mit dem die Komponente zur Erfüllung der Produktfunktion beiträgt. Ein Wert kleiner **1** weist darauf hin, dass die Ausgestaltung der Komponente zu teuer ist. Liegt dagegen der Zielkostenindex über **1** , ist die Komponente zu billig bzw. in der Ausführung zu schlicht.[192]

Siebter Schritt

Im siebten Schritt der Zielkostenspaltung erfolgt eine Optimierung der den Komponenten zugrunde liegenden Zielkostenindizes. Hierzu bedient man sich der Hilfe sogenannter Zielkostenkontrolldiagramme. In diesen Diagrammen wird begrenzt durch zwei Kurven eine zulässige Zone für Abweichungen vom Optimalwert determiniert.

A. G. / Fischer, T. / Schmitz, J.: Target Costing und Product Life Cycle Costing als Instrumente des Kostenmanagements, a.a.O., S. 13.

[190] Ebenda, S. 13.

[191] Vgl. ebenda, S. 13.

[192] Vgl. Horváth, P. / Seidenschwarz, W.: Zielkostenmanagement, a.a.O., S. 147-148.

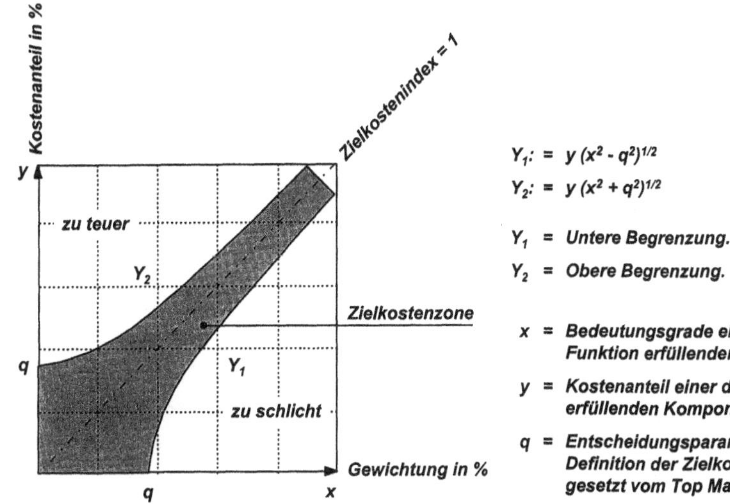

Abb. 16: Zielkostenkontrolldiagramm.
Quelle: In Anlehnung an: Fischer / Schmitz, 1994, S. 428.

Die Bandbreite **[q]** der Abweichung wird durch das Management gesetzt und ist im Bereich niedriger Teilgewichte höher als im Bereich hoher Teilgewichte. Auf diese Weise ist es möglich, sich auf die kostenbestimmenden Komponenten zu konzentrieren. Zudem wird verhindert, dass weniger wichtige Komponenten hohe Kapazitäten binden.[193]

Achter Schritt

Im abschließenden achten Schritt sind Optimierungsmaßnahmen vorzunehmen, sofern die Zielkostenpunkte bzw. Wertindizes einer Komponente außerhalb der Zielkostenzone liegen. Für den Fall, dass der Wertindex einer Produktkomponente oberhalb der Kurvenfunktion **[Y_2]** positioniert sein sollte, sind Kostenreduzierungen notwendig. Liegt der Wertindex hingegen unterhalb der Kurvenfunktion **[Y_1]**, könn-

[193] Vgl. Fischer, T. M. / Schmitz J. A.: Informationsgehalt und Interpretation des Zielkostenkontrolldiagramms im Target Costing. In: krp (1994), Heft 6, S. 428.

ten Steigerungen der Zielkosten notwendig werden, um sicherzustellen, dass das Produkt seine Funktionen zweckgerecht erfüllt."[194]

Ein geeignetes Verfahren, um eine Lücke zwischen den Erlaubten Kosten und den Standardkosten zu schließen, respektive überhaupt nicht erst aufkommen zu lassen, ist die Wertanalyse. Ihr wird im Zusammenspiel mit dem Zielkostenmanagement eine besondere Eignung zugesprochen.[195] „So werden in Japan bereits 80 - 90% aller neuen und 50 - 85% der bestehenden Produkte in der Fertigung mindestens einmal wertanalytisch untersucht."[196].

[194] Vgl. Franz, K. P.: Moderne Methoden der Kostenbeeinflussung. In: krp (1992), Heft 3, S. 133; vgl. weiter: Horváth, P. / Seidenschwarz, W.: Zielkostenmanagement, a.a.O., S. 147-149.

[195] Vgl. Müller, H. / Wolbold, M.: Target Costing im Entwicklungsbereich der „ElektroWerk AG". In: Horváth, P. [Hrsg.]: Target Costing, a.a.O., S. 143; ähnlich auch: Horváth, P. / Niemand, S. / Wolbold, M.: Target Costing - State of the Art. In: Horváth, P. [Hrsg.]: Target Costing, a.a.O., S. 16.

[196] Jehle, E.: Wertanalyse - Ein System zum Lösen komplexer Probleme. In: WiSt (1991), Heft 6, S. 287.

4 Wertanalytische Aspekte im Prozess des Zielkostenmanagements

In den folgenden Ausführungen wird aufgezeigt, in welcher Weise Aspekte der Wertanalyse in den Prozess des Zielkostenmanagements Einzug halten. Nach einer komprimierten Darlegung von Ursprung, Definition und wesentlichen Merkmalen der Wertanalyse richtet sich ein Schwerpunkt der Untersuchung auf die Identifikation von Zielbeziehungen, die zwischen dem Zielkostenmanagement und der Wertanalyse bestehen. Es wird herausgestellt, inwieweit sich beide Systeme im Rahmen der Zielsetzung entsprechen oder auch infolge konkreterer Formulierung ergänzen.

Aufbauend auf der Ermittlung von Zielbeziehungen bildet die Integration der Wertanalyse in den Prozess des Zielkostenmanagement den weiteren Kernpunkt der Arbeit. Nach der Einordnung der Wertanalyse in die Unternehmensplanung, die der Abstimmung der zeitlichen Dimension beider Systeme gilt, steht die Frage im Vordergrund, inwiefern die wertanalytische Methodik in der Lage ist, die am Markt ausgerichteten Gesamtproduktzielkosten derart auf einzelne bearbeitbare Einheiten herunterzubrechen, dass eine Kostenzuteilung entsprechend den Kundenwünschen erfolgt.

Nach der Beantwortung dieser Frage wird versucht, die Systematik der Wertanalyse mit den Schritten der Kostenspaltung in der Weise miteinander zu verknüpfen, dass der Arbeitsplan, welcher der Wertanalyse zugrunde liegt, eine Ergänzung zum Prozess des Zielkostenmanagements darstellt. Der Abschnitt schließt mit der Beschreibung bedeutender Kostensenkungsansätze, die einer erfolgreichen Nutzung beider Systeme dienlich ist.

4.1 Ursprung, Definition und Konzeption der Wertanalyse

Der Ursprung wertanalytischen Gedankenguts liegt in den Vereinigten Staaten von Amerika. Ausgelöst durch die Materialknappheit nach Ende des zweiten Weltkrieges wurden Substitutionen für Rohstoffe vorgenommen, die nicht nur eine Kostensenkung, sondern oft auch technische Verbesserungen bewirkten. Aufgrund dieser Ergebnisse wurde von der General Electric Company der damalige Einkaufsleiter L.

D. Miles mit der Entwicklung einer Methode beauftragt, die die Suche nach alternativen Materialien systematisiert.[197]

Das Resultat der mehrjährigen Untersuchung war die Wertanalyse.[198] Mitgetragen durch eine massive Propagierung durch das US-Verteidigungsministerium, fand die Wertanalyse in den Vereinigten Staaten von Amerika eine schnelle Verbreitung.[199] Seit Mitte der 60er Jahre ist die Wertanalyse auch in Deutschland bekannt und in der betrieblichen Praxis durchweg akzeptiert.[200] Eine erste Normung der Wertanalyse erfolgte 1973 mit der DIN 69910, die seit 1987 in einer überarbeiteten und erweiterten Fassung vorliegt.

Auf der Grundlage dieser Norm wird die Wertanalyse als ein: „ (...) System zur Lösung komplexer Probleme, die nicht oder nicht vollständig algorithmierbar sind", definiert.[201] Wie aus dieser allgemeingültigen Definition ersichtlich wird, ist die Anwendung der Wertanalyse weder auf bestimmte Wirtschaftsbereiche noch auf spezielle Güter beschränkt. Vielmehr ist die Wertanalyse anwendungsneutral und wird auch für die Optimierung von Prozessen und Dienstleistungen genutzt.[202]

Konzeptionell wird die Wertanalyse in Wertverbesserung und Wertgestaltung unterschieden.[203] Die Wertverbesserung findet ihre Anwendung auf ein im Markt befindliches Objekt. Die Wertgestaltung hingegen begleitet die Entstehung eines Objektes

---

[197] Vgl. Hoffmann, H. J.: Wertanalyse - Die Antwort auf Kaizen, 2. Aufl., München 1993, S. 19.

[198] Der Begriff Wertanalyse ist eine wörtliche Übersetzung des englischen „value analysis". Vgl. hierzu beispielsweise: Stange, J.: Wertsteigerung durch Wertanalyse - Grundsätzliche Betrachtung aus betriebswirtschaftlicher Sicht. Thun, Frankfurt am Main 1980, S. 23-24.

[199] Vgl. Bender, G.: Was ist Wertanalyse - Und was macht sie für die Industriesoziologie und gesellschaftstheoretisch so interessant?. In: Arbeit (1993), Heft 2, S. 141.

[200] Vgl. Hoffmann, H. J.: Wertanalyse - Die Antwort auf Kaizen, a.a.O., S. 19-25.

[201] Deutsches Institut für Normung e.V. [Hrsg.]: DIN 69910 (Wertanalyse) in der Fassung von August 1987, Berlin 1987, S. 1.

[202] Vgl. Franke, R. / Zerres, M.: Planungstechniken - Instrumente für zukunftsorientierte Unternehmensführung, a.a.O., S. 131-133; vgl. weiter: Freimuth, W.: Die Integration der Wertanalyse in die Unternehmensorganisation. In: Reichmann, T. [Hrsg.]: Controlling-Praxis, München 1988, S. 209.

[203] In der englischen Literatur werden für die Begriffe Wertverbesserung bzw. Wertgestaltung die Bezeichnungen: „value engineering" bzw. „value analysis" genutzt. Vgl. hierzu: Vgl. Witschke, H. J.: Die Informationsfunktion des Produkts in der Wertanalyse - Ein Ansatz zur Wertsteigerung von Produkten, Bergisch Gladbach, Köln 1990, S. 60.

und kann dadurch einen größeren Einfluss auf die Gestaltung des Objektes nehmen.[204]

Für die weitere Arbeit wird unter „Wertanalyse" gemeinhin die Ausprägungsform der Wertgestaltung verstanden. Weiterhin wird in Übereinstimmung mit der thematischen Abgrenzung zu Beginn der Arbeit, das wertanalytische Vorgehen an einem in Serienfertigung hergestellten Gebrauchsgut betrachtet.

4.2 Allgemeine Zielsetzung und wesentliche Merkmale der Wertanalyse

Die Wertanalyse ist von ihrem Grundsatz auf eine Wertsteigerung des Produkts ausgerichtet.[205] Betreffend dieser Intention entstehen zwischen Hersteller und Abnehmer unterschiedliche Betrachtungsweisen. Aus der Sicht des Abnehmers geht es beim Wert vornehmlich um die niedrigsten Kosten des Produktes. Weiterhin liegt sein Bestreben darin, eine möglichst preiswerte Erfüllung seiner Bedürfnisse zu erreichen.[206]

Basierend auf den unterschiedlichen Betrachtungsweisen verfolgt die Wertanalyse die allgemeine Zielsetzung solche Produkte zu entwickeln, die sowohl für den Hersteller als auch für den Abnehmer eine Wertsteigerung darstellen. Um diesem Anspruch gerecht werden zu können, bedarf es der Kombination mehrerer Faktoren. Das Erfolgspotential der Methode ist durch das Ineinandergreifen dreier wesentlicher Merkmale gekennzeichnet. Zu nennen sind hier die Teamarbeit, die Funktionsorientierung und die in einem Arbeitsplan festgeschriebene Systematik.[207] Nur die konsequente Berücksichtigung von allen drei Faktoren sichert den Erfolg.

---

[204] Vgl. Deutsches Institut für Normung e.V. [Hrsg.]: DIN 69910 (Wertanalyse) in der Fassung von August 1987, a.a.O., S. 1.

[205] Vgl. Witschke, H. J.: Die Informationsfunktion des Produkts in der Wertanalyse - Ein Ansatz zur Wertsteigerung von Produkten, a.a.O., S. 51.

[206] Vgl. Burger, A. / Schellberg, B.: Kostenmanagement mittels Wertanalyse. In: krp (1995), Heft 3, S. 146; vgl. auch: Franke, R. / Zerres, M.: Planungstechniken - Instrumente für zukunftsorientierte Unternehmensführung, a.a.O., S. 118.

[207] Die genannten Merkmale werden regelmäßig in der Literatur genannt. Vgl. Bucksch, R. / Rost, P.: Einsatz der Wertanalyse zur Gestaltung erfolgreicher Produkte. In: zfbf (1985), Heft 4, S. 351; vgl. Arnolds, H. / Heege, F. / Tussing, W.: Materialwirtschaft und Einkauf - Praxisorientiertes Lehrbuch, 8. Aufl., Wiesbaden 1993, S. 163-164; vgl. Jehle, E.: Wertanalyse - Ein System zum Lösen komplexer Probleme, a.a.O., S. 287-292.

4.2.1 Teamarbeit

Durch die Teamarbeit ist gewährleistet, dass die verschiedenen Unternehmensbereiche, die für den Erfolg eines Produkts verantwortlich zeichnen, die notwendigen Informationen bereichsübergreifend zur Verfügung stellen.[208] Darüber hinaus trägt die interdisziplinäre Arbeitsweise dazu bei, dass der Identifikationsgrad mit der gestellten Aufgabe sowie das gegenseitige Problemverständnis zwischen den Beteiligten erhöht wird.[209] Lösungsvorschläge können im Rahmen gemeinsamer Diskussionen auf ihre Realisierung geprüft und Einwände sowie Verbesserungen in den frühen Phasen der Produktentstehung deutlich gemacht werden.

4.2.2 Funktionsorientierung

Während konventionelle Rationalisierungsverfahren das Objekt in den Vordergrund der Untersuchung stellen, geht mit der Wertanalyse ein Funktionsdenken einher. Mithin richtet sich die abstrakte Fragestellung nach dem Zweck des Produkts und dem seiner Teile. Dadurch trägt die Wertanalyse dazu bei, sich von herkömmlichen Ideen zu lösen und neue, unkonventionelle Lösungen zu finden.[210] So ist beispielsweise der Käufer einer Spannvorrichtung grundsätzlich weniger an einer speziellen Betätigung eben dieser interessiert, als an der Fähigkeit der Spannvorrichtung, eine sichere Fixierung der zu bearbeitenden Werkstücke herzustellen.[211] Vor diesem Hintergrund wird deutlich, dass sich die Wertanalyse in ihrem Bestreben um eine Wertsteigerung nicht am Produkt als solchem orientiert, sondern an seinen Funktionen.[212]

Gemeinhin geht die Wertanalyse in der Weise vor, dass das zu entwickelnde Produkt zunächst in seine Funktionen zerlegt wird. Man spricht an dieser Stelle auch von einer Funktionenanalyse. Anschließend werden solche Lösungen für die einzelnen Funktionen ausfindig gemacht, die als Gesamtlösung vereinigt eine Wert-

---

[208] Vgl. Arnolds, H. / Heege, F. / Tussing, W.: Materialwirtschaft und Einkauf - Praxisorientiertes Lehrbuch, a.a.O., S. 164.

[209] Vgl. Bucksch, R. / Rost, P.: Einsatz der Wertanalyse zur Gestaltung erfolgreicher Produkte, a.a.O., S. 351 und 357-358.

[210] Vgl. Franke, R. / Zerres, M.: Planungstechniken - Instrumente für zukunftsorientierte Unternehmensführung, a.a.O., S. 118.

[211] Erklärend hierzu die im Anhang aufgeführten Konstruktionszeichnungen.

[212] Vgl. Witschke, H. J.: Die Informationsfunktion des Produkts in der Wertanalyse - Ein Ansatz zur Wertsteigerung von Produkten, a.a.O., S. 53.

steigerung des Produkts bewirken.[213] Die DIN 69910 sieht hierfür die Beschreibung der Funktionen durch ein Haupt- und ein Tätigkeitswort vor,[214] wie, um dem zugrunde liegenden Beispiel zu folgen: „Werkstück aufnehmen, Werkstück fixieren, Werkstück sichern, Späne beseitigen" etc. Zusätzlich unterteilt die DIN 69910 in Funktionsarten und Funktionsklassen etc., welche sich nochmals in weitere Ebenen differenzieren lassen.[215] Aufgrund dieser Auffächerung lässt sich ein sogenannter Funktionenbaum für das zu entwickelnde Produkt konstruieren, der eine Möglichkeit zur Kostenzuordnung und Funktionsbewertung schafft.

4.2.3 Systematik

Die der Wertanalyse inhärente systematische Vorgehensweise stellt in Form einer Checkliste sicher, dass keine wesentlichen Aspekte im Ablauf der Produktentwicklung vergessen werden.[216] Hierbei ist die Systematik der Wertanalyse in Form eines auf die menschlichen Eigenarten zugeschnittenen Ablaufplans in der DIN 69910 dokumentiert.[217] Der Ablaufplan als solcher darf aber nicht als eine vollständige Beschreibung von Lösungsschritten fehlinterpretiert werden, aus der sodann eine Lösungsgarantie erwächst.[218] Vielmehr wird nur eine allgemeine Methodik vorgeschlagen, die grundsätzlich auch bei der Lösung schlecht definierter Probleme zur Anwendung kommt, bei der der Problemlöser den gewünschten Endzustand nicht vollständig und eindeutig beschreiben kann.[219]

---

[213] Vgl. ebenda, S. 53.

[214] Vgl. Deutsches Institut für Normung e.V. [Hrsg.]: DIN 69910 (Wertanalyse) in der Fassung von August 1987, a.a.O., S. 2.

[215] Betreffend einer ausführlicheren Beschreibung der Funktionen sowie deren Unterteilung wird auf Abschnitt 4.3.4 „Zielkonvergenzen im Rahmen der Funktionsgliederung" sowie auf die DIN 69910 verwiesen.

[216] Vgl. Bucksch, R. / Rost, P.: Einsatz der Wertanalyse zur Gestaltung erfolgreicher Produkte, a.a.O., S. 351.

[217] Vgl. Deutsches Institut für Normung e.V. [Hrsg.]: DIN 69910 (Wertanalyse) in der Fassung von August 1987, a.a.O., S. 6-7.

[218] Vgl. Witschke, H. J.: Die Informationsfunktion des Produkts in der Wertanalyse - Ein Ansatz zur Wertsteigerung von Produkten, a.a.O., S. 58.

[219] Vgl. ebenda, S. 59; vgl. zudem die Definition der Wertanalyse in: Deutsches Institut für Normung e.V. [Hrsg.]: DIN 69910 (Wertanalyse) in der Fassung von August 1987, a.a.O., S. 1.

Grundschritt	Teilschritte
1. Projekt vorbereiten	1.1 Moderator benennen 1.2 Auftrag übernehmen, Grobziel mit Bedingungen festlegen 1.3 Einzelziele setzen 1.4 Untersuchungsrahmen abgrenzen 1.5 Projektorganisation festlegen 1.6 Projektablauf planen
2. Objektsituation analysieren	2.1 Objekt und Umfeldinformationen beschaffen 2.2 Kosteninformationen beschaffen 2.3 Funktionen ermitteln 2.4 Lösungsbedingte Vorhaben ermitteln 2.5 Kosten den Funktionen zuordnen
3. Soll-Zustand beschreiben	3.1 Informationen auswerten 3.2 Soll-Funktionen festlegen 3.3 Lösungsbedingte Vorgaben festlegen 3.4 Kostenziel den Soll-Funktionen zuordnen
4. Lösungsideen entwickeln	4.1 Vorhandene Ideen sammeln 4.2 Neue Ideen entwickeln
5. Lösungen festlegen	5.1 Bewertungskriterien festlegen 5.2 Lösungsideen bewerten 5.3 Ideen zu Lösungsansätzen verdichten und darstellen 5.4 Lösungsansätze bewerten 5.5 Lösungen ausarbeiten 5.6 Lösungen bewerten 5.7 Entscheidungsvorlage erstellen 5.8 Entscheidungen herbeiführen
6. Lösungen verwirklichen	6.1 Realisierung im Detail planen 6.2 Realisierung einleiten 6.3 Realisierung überwachen 6.4 Projekt abschließen

Abb. 17: Systematik des Wertanalyse-Arbeitsplans.
Quelle: Deutsches Institut für Normung e.V. [Hrsg.]: DIN 69910, 1987, S. 6-7.

4.3 Identifikation von Zielbeziehungen zwischen dem Zielkostenmanagement und der Wertanalyse

Bereits in der zugrunde liegenden allgemeinen Zielsetzung, eine Wertsteigerung sowohl für den Hersteller als auch für den Abnehmer zu bewirken, zeigt sich eine wesentliche Übereinstimmung von Target Costing und Wertanalyse. Betreffend der Verwirklichung dieser Absicht lassen sich weitere gemeinsame Zielbeziehungen zwischen dem Target Costing und der Wertanalyse identifizieren. Mitgetragen wird die Lokalisierung durch die konkreten Merkmale der Wertanalyse, die das Bestreben des Zielkostenmanagements maßgeblich unterstützen. Überdies werden in diesem Teil, soweit erforderlich auch Ergänzungen angemerkt, die notwendig sind, um die Verbindung zwischen beiden Systemen herzustellen.

4.3.1 Kostensenkung durch Einsatz in frühen Phasen der Produktentwicklung

Die Verwirklichung der Kundenorientierung wird im Zielkostenmanagement immer unter Beachtung der zulässigen Kosten gesehen.[220] Als ganzheitlicher Ansatz steht dabei nicht eine situative Betrachtung, sondern die marktorientierte Steuerung der Kosten über den gesamten Produktlebenszyklus im Vordergrund.[221] Den Schwerpunkt der Kostenbeeinflussung legt das Zielkostenmanagement jedoch auf die frühen Phasen der Produktentwicklung,[222] da sich zum einen in diesem Stadium Änderungen noch relativ leicht und kostengünstig realisieren lassen und zum anderen auch die Qualität, die für die Kosten des gesamten Produktlebenszyklus verantwortlich zeichnet, in den frühen Phasen maßgeblich beeinflusst wird.[223] Diese muss ergo ebenso rechtzeitig auf die Bedürfnisse des Marktes ausgerichtet und gesteuert werden.

Aus diesem Grund ist das Zielkostenmanagement zur Unterstützung von Zielkostenwerten in besonderem Maße auf Instrumente angewiesen, die bereits in der Produktentstehungsphase wirksame Kosten- und Qualitätsaspekte berücksichtigen.[224] Aus dieser Abhängigkeit heraus leitet sich u.a. die Forderung nach dem Einsatz der Wertanalyse ab, welcher, ebenso wie der frühzeitige Einsatz für die Erreichung des bestmöglichen Erfolges, inhärent ist.[225] Ferner wird das realisierbare Kostensenkungspotential durch den Einsatz der Wertanalyse im hier verstandenen

---

[220] Vgl. hierzu: Abschnitt 2.3 „Grundprinzipien und Zielsetzungen des Target Costing".

[221] Vgl. Buggert, W. / Wielpütz, A.: Target Costing - Grundlagen und Umsetzung des Zielkostenmanagements, a.a.O., S. 41.

[222] Vgl. Seidenschwarz, W.: Target Costing - Ein japanischer Ansatz für das Kostenmanagement, a.a.O., S. 201.

[223] Vgl. Buggert, W. / Wielpütz, A.: Target Costing - Grundlagen und Umsetzung des Zielkostenmanagements, a.a.O., S. 110.

[224] Vgl. ebenda, S. 110.

[225] Vgl. Loos, U.: Strategische Ausrichtung einer produktbezogenen Wertanalyse. In: Verein Deutscher Ingenieure [Hrsg.]: VDI-Berichte 767 - Kostensenkungspotentiale der Produktion - Schlüssel zur Rationalisierung: Produktgestaltung - Wertanalyse - Teilefertigung - Montage. Tagung Neu-Ulm, 4. / 5. Dezember 1989, Düsseldorf 1989, S. 158-159.

Sinn sehr hoch eingestuft. So sind nach einer Untersuchung von Ehrlenspiel durch den Einsatz der Wertanalyse Einsparungen von durchschnittlich 35% der Herstellkosten im Kfz-Bereich, 40% in der Feinwerktechnik und 30% im allgemeinen Maschinenbau zu erzielen.[226]

4.3.2 Qualität als verbindendes Element zwischen dem Zielkostenmanagement und der Wertanalyse

Die Wertanalyse ist nicht nur ein Instrument der Kostensenkung, sondern per Definition ein umfassendes Verfahren zur Lösung komplexer Probleme.[227] Diese Definition hebt den gestaltenden Charakter der Wertanalyse hervor, der sich auf eine marktorientierte Produktentwicklung richten soll.[228] Der Wertanalyse fehlt indes der Hinweis auf einen direkten Marktbezug. Stellt dieses Kriterium im Zielkostenmanagement-Prozess einen elementaren Bestandteil dar, ohne welchen es nicht wirkungsvoll eingesetzt werden kann, finden sich in der DIN 69910 keinerlei Hinweise darauf, in welcher Weise die Anforderungen der Kunden erkannt und adäquat in Produktfunktionen umgesetzt werden können.[229] Die Brücke kann über die Qualität geschlagen werden. Damit führt die Qualität nicht nur zu der Möglichkeit, eine „marktgerechte Wertanalyse" zu betreiben, sondern wird gleichermaßen zu einem verbindenden Element, zum Prozess des Zielkostenmanagements. Für beide Systeme stellt die Qualität somit eine Orientierungs- und Steuerungsgröße dar, mit der der Aufwand des zu entwickelnden Produkts dort betrieben werden kann, wo es der Kunde merkt und honoriert.[230] Die Qualität liefert sodann den Maßstab für den Erfüllungsgrad der gestellten Anforderungen.[231]

---

[226] Vgl. Ehrlenspiel, K.: Möglichkeiten zum Senken der Produktkosten - Erkenntnisse aus einer Auswertung von Wertanalysen. In: Konstruktion im Maschinen-, Apparate- und Gerätebau (1980), Heft 5, S. 175 ff. Zitiert nach: Seidenschwarz, W.: Target Costing - Marktorientiertes Zielkostenmanagement, a.a.O., S. 171.

[227] Vgl. Jehle, E.: Wertanalyse - Ein System zum Lösen komplexer Probleme, a.a.O., S. 288.

[228] Vgl. Verein Deutscher Ingenieure: Ohne Titeleintrag. In: VDI Zentrum Wertanalyse [Hrsg.]: Wertanalyse - Idee, Methode, System, a.a.O., S. 52, 402-406.

[229] Vgl. Deutsches Institut für Normung e.V. [Hrsg.]: DIN 69910 (Wertanalyse) in der Fassung von August 1987, a.a.O., S. 1-8; vgl. auch: Seidenschwarz, W.: Target Costing - Marktorientiertes Zielkostenmanagement, a.a.O., S. 175.

[230] Vgl. Gaiser, B. / Kieninger, M.: Fahrplan für die Einführung des Target Costing. In: Horváth, P. [Hrsg.]: Target Costing, a.a.O., S. 55.

[231] Vgl. Abschnitt 3.2.1 „Identifikation zielgruppenbezogener Marktanforderungen".

4.3.3 Produktfunktionen als Grundlage der Kostensenkung bei gleichzeitiger Nutzensteigerung

Eine weitere Zielkonvergenz beider Systeme besteht darin, dass sich die Kostenplanung nicht auf das Gesamtprodukt bezieht, sondern den Wünschen des Kunden folgend, die Erfüllung der einzelnen Produktfunktionen in den Mittelpunkt rückt.[232] Es wird die Grundforderung des Zielkostenmanagements deutlich, die Ressourcen so auf die Funktionen zu verteilen, wie es dem Kundenwunsch entspricht.[233] Nur unter dieser Bedingung wird er bereit sein, die entstandenen Kosten über den Preis zu tragen. Auch in den Publikationen zur Wertanalyse finden sich solche Forderungen wieder. So regen beispielsweise Bucksch und Rost im Rahmen der Funktionsbewertung die Frage an: „Ist der Kunde bereit, für diese Funktion / Eigenschaft Geld auszugeben ?“[234] Insofern finden sich die Produktfunktionen als Parameter einer kundenorientierten Produktentwicklung in beiden Systemen wieder. Sie sind Grundlage der Zielsetzung, eine Kostensenkung bei einer gleichzeitigen Nutzensteigerung zu erreichen.[235] Auf Basis der mit Hilfe der Conjoint-Analyse ermittelten kundenrelevanten Produkteigenschaften kommt der Wertanalyse dabei die Aufgabe zu, dass durch das festgelegte Kostenziel bestimmte Kostenbudget so für die Funktionserfüllung einzusetzen, wie es der Bedeutung der einzelnen Komponenten entspricht.[236] Nur durch die wertanalytische Untersuchung der die Funktionen erfüllenden Komponenten und Bauteile kann das Produkt realisiert werden. Die Systematik

---

[232] Vgl. zur Wertanalyse stellvertretend für viele: Burger, A. / Schellberg, B.: Kostenmanagement mittels Wertanalyse, a.a.O., S. 145 und 148, vgl. weiter: Bucksch, R. / Rost, P.: Einsatz der Wertanalyse zur Gestaltung erfolgreicher Produkte, a.a.O., S. 350, vgl. zu Target Costing etwa: Buggert, W. / Wielpütz, A.: Target Costing - Grundlagen und Umsetzung des Zielkostenmanagements, a.a.O., S. 47-48.

[233] Vgl. in Abschnitt 2.3 „Grundprinzipien und Zielsetzungen des Target Costing“ den Bezug auf: Bürgel, H. D. / Haller, C. / Binder, M.: Die japanische Konkurrenz - Anstöße für Überlegungen zur Effektivitäts- und Effizienzsteigerung des westlichen F&E-Prozesses, a.a.O., S. 5; vgl. weiter: in Abschnitt 3.2 „Marktinformationen als Ausgangspunkt des Target Costing Prozesses“ den Bezug auf: Seidenschwarz, W.: Target Costing - Marktorientiertes Zielkostenmanagement, a.a.O., S. 205.

[234] Bucksch, R. / Rost, P.: Einsatz der Wertanalyse zur Gestaltung erfolgreicher Produkte, a.a.O., S. 354.

[235] Vgl. Bronner, A.: Einsatz der Wertanalyse in Fertigungsbetrieben, Köln 1989, S. 102-104; vgl. weiter: Schröder, H. H.: Wertanalyse als Instrument optimierender Produktgestaltung. In: Corsten, H. [Hrsg.]: Handbuch Produktionsmanagement, Wiesbaden 1994, S. 157.

[236] Vgl. Bucksch, R. / Rost, P.: Einsatz der Wertanalyse zur Gestaltung erfolgreicher Produkte, a.a.O., S. 356.

des Arbeitsplanes liefert hierfür eine auf menschliche Eigenarten abgestimmte Vorgehensweise.[237]

4.3.4 Zielkonvergenzen im Rahmen der Funktionsgliederung

Betrachtet man den Schwerpunkt, den beide Systeme auf eine funktionsorientierte Betrachtung legen, weiter, zeigen sich ferner Parallelen bei der Einteilung der Funktionen in solche, die vornehmlich der sachgerechten Nutzung des Produkts dienen und solche mit Prestigewirkung. Begrifflich erfolgt die Trennung im Zielkostenmanagement durch die Bezeichnung „harte Funktionen“ und „weiche Funktionen“. Die Wertanalyse nutzt den Terminus „Gebrauchsfunktionen“ und „Geltungsfunktionen“ und führt beide Benennungen unter dem Hauptpunkt Funktionsarten. Zudem untergliedert sie in Funktionsklassen, die sich aus Hauptfunktion, Nebenfunktion, Gesamtfunktion und Teilfunktion zusammensetzen und weiter in unerwünschte Funktionen. Es entsteht der bereits genannte Funktionenbaum, der in Verbindung mit der detaillierteren Gliederung, die die Wertanalyse liefert, eine zusätzliche wichtige Ergänzung zum Zielkostenmanagement darstellt. Dieser Sachverhalt wird im Verlauf der Arbeit noch einmal aufgegriffen und anhand eines Beispiels beschrieben.

[237] Vgl. Müller, H. / Wolbold, M.: Target Costing im Entwicklungsbereich der „ElektroWerk AG“. In: Horváth, P. [Hrsg.]: Target Costing, a.a.O., S. 142-143.

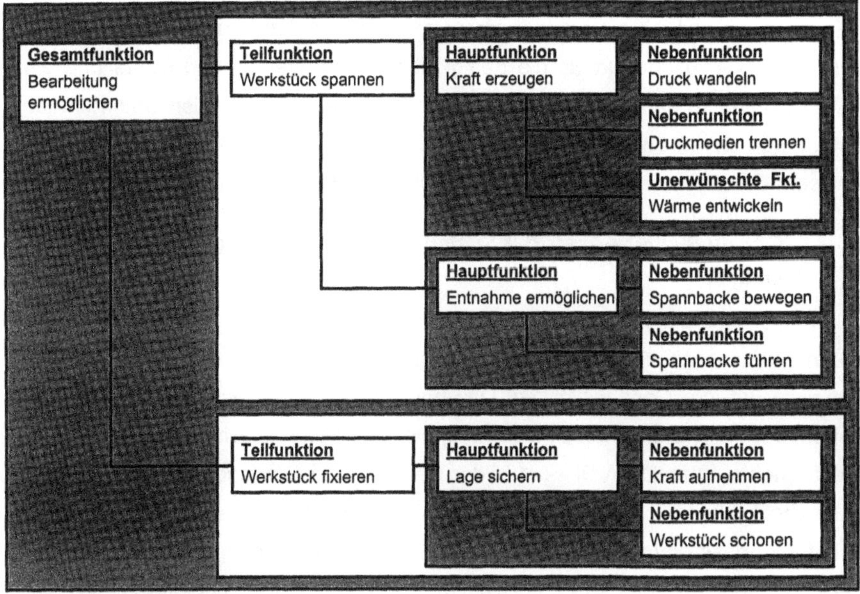

Abb. 18: Gliederung der Funktionen am Beispiel einer Spannvorrichtung.
Quelle: Eigene Darstellung.

4.3.5 Teamorientierung als Motiv des organisatorischen Wandels

Um die bis dato identifizierten Zielbeziehungen vollständig gewährleisten zu können wird der bereichsübergreifende Einsatz aller Abteilungen gefordert. „Wertanalyse ist immer Teamarbeit.“[238] Dieser Hinweis findet sich im übertragenen Sinn auch in der DIN 69910 wieder. [239] Durch die ausführliche Beschreibung der Zusammensetzung und Koordination des Wertanalyse-Teams wird folglich das dem Zielkostenmanagement zugrundeliegende Ansinnen zur Bildung interdisziplinärer Teams konkretisiert.[240] Mit dem Gebot nach interdisziplinärem Arbeiten geht der Abbau von Konkurrenzdenken einher und determiniert dadurch die Lösung von spitzen Organisati-

[238] Hoffmann, H. J.: Wertanalyse - Die Antwort auf Kaizen, a.a.O., S. 32.

[239] Vgl. Deutsches Institut für Normung e.V. [Hrsg.]: DIN 69910 (Wertanalyse) in der Fassung von August 1987, a.a.O., S. 1.

[240] Die Beschreibungen der DIN 69910 können ohne Einschränkungen auf das Target Costing übertragen werden. Vgl. hierzu beispielsweise: Müller, H. / Wolbold, M.: Target Costing im Entwicklungsbereich der „ElektroWerk AG“. In: Horváth, P. [Hrsg.]: Target Costing, a.a.O., S. 143.

onsstrukturen. So wird vom VDI gefordert, den Erfolg der Wertanalyse nicht nur am Ergebnis des aktuellen Veränderungsprozesses zu messen, sondern über die konkrete Problemlösung hinaus die Fähigkeit zur Veränderung und Gestaltung einer Organisation zu sehen.[241] Die Lösung von bestehenden inflexiblen Unternehmensstrukturen wurde ebenso für das Target Costing angeraten, womit folglich auch in diesem Bereich eine Zielkonvergenz zwischen beiden Systemen besteht.[242]

4.3.6 Ganzheitlicher Ansatz der Systeme Zielkostenmanagement und Wertanalyse

Schließen soll die Identifikation von Zielbeziehungen, die zwischen dem Zielkostenmanagement und der Wertanalyse bestehen, durch die Untersuchung der Wertanalyse auf ihre Ganzheitlichkeit. Das heißt, es wird herausgestellt, inwiefern sie, ebenso wie das Zielkostenmanagement, die Einbindung koexistenter Verfahren und Instrumente nutzt. Der VDI sieht in der Definition der Wertanalyse eine praktizierte Ganzheitlichkeit.[243] Der ganzheitliche Ansatz wird gleichwohl dadurch eingeschränkt, dass es innerhalb eines Gesamtsystems nicht möglich ist, alle Einflüsse bei der Problemlösung zu berücksichtigen und diese immer als eine Folgewirkung des zu untersuchenden Objektes zu betrachten sind.[244] Damit wird die Nutzung von begleitenden Methoden im System Wertanalyse zu einem reaktiven, durch das jeweilige Analyseobjekt initiierten Verfahren.

Der Betrachtungsschwerpunkt liegt damit, entgegen dem Zielkostenmanagement, im internen Bereich und konzentriert sich vornehmlich auf die technische Verwirklichung der gestellten Anforderungen.[245] In ihrer Ausprägung zu einem umfassenden „Value Management (VE)“ zeigt die Wertanalyse jedoch ein Entgegenkommen zum Zielkostenmanagement, indem sie versucht, angrenzende Bereiche mit dem

---

[241] Vgl. Verein Deutscher Ingenieure: Ohne Titeleintrag. In: VDI Zentrum Wertanalyse [Hrsg.]: Wertanalyse - Idee, Methode, System, a.a.O., S. 10.

[242] Vgl. Abschnitt 2.5 „Rahmenbedingungen für die Realisierung des Target Costing“.

[243] Vgl. Verein Deutscher Ingenieure: Ohne Titeleintrag. In: VDI Zentrum Wertanalyse [Hrsg.]: Wertanalyse - Idee, Methode, System, a.a.O., S. 52.

[244] Vgl. ebenda, S. 52 und 54-55.

[245] Vgl. Horváth, P. / Niemand, S. / Wolbold, M.: Target Costing - State of the Art. In: Horváth, P. [Hrsg.]: Target Costing, a.a.O., S. 18.

„Instrument" Wertanalyse stärker zu verbinden.[246] Als geeignete, kompatible Techniken und Verfahren werden u.a. die konstruktions- begleitende Kalkulation, das Simultaneous Engineering oder das Qualitätsmanagement angeführt.[247] Unbestritten ist, dass das integrative Zuliefermanagement im System der Wertanalyse ebenso wie die Teamarbeit als eine zwingende Voraussetzung für den langfristigen Erfolg gesehen wird.[248] Damit kann das System Wertanalyse als ein ganzheitlicher Ansatz gesehen werden, der sich jedoch nicht, bedingt durch das Konzept, wie das beim Zielkostenmanagement der Fall ist, grundsätzlich unterstützender Instrumente bedient, sondern diese nur im ausdrücklichen Bedarfsfall hinzuzieht.

4.4 Integration der Wertanalyse in den Prozess des Zielkostenmanagements

Um erfolgreich zu sein, muss das Zielkostenmanagement die Prozesse des gesamten Unternehmens von der Produktplanung über den Produktentwurf bis zur Produktausarbeitung und -realisation systematisch unterstützen.[249] Zur Zielerreichung greift das Zielkostenmanagement dabei in jeder Phase der Produktentstehung auf geeignete Verfahren und Instrumente zurück, die die Verbindung von der strategischen Dimension des Zielkostenmanagements hin zu einer konkreten Ausarbeitung und Verwirklichung der angestrebten Produkte erreichen.[250]

Einen entscheidenden Anteil leistet bei dieser Gelegenheit die Wertanalyse. Sie wird in allen Planungsschritten von der Entwicklung bis zur Aufnahme der Produktion eingesetzt, um die Differenz zwischen Standardkosten und Erlaubten Kosten zu verringern und den ökonomisch sinnvollsten Produktentwurf zu verwirklichen.[251]

---

[246] Vgl. Seidenschwarz, W.: Target Costing - Marktorientiertes Zielkostenmanagement, a.a.O., S. 175.

[247] Vgl. Jehle, E.: Entwicklungstrends der Wertanalyse zum Value Management. In: Milling, P. [Hrsg.]: Systemmanagement und Managementsysteme, Berlin 1991, S. 222-223.

[248] Vgl. Neff, K.: Unternehmensplanung und Markt - Von der Produktidee bis zum fertig entwickelten Produkt. In: Verein Deutscher Ingenieure [Hrsg.]: VDI-Berichte 683 - Potentiale nutzen - mit Erfolgsgarantie, Kongreß, Frankfurt am Main, 5. / 6. Mai 1988, Düsseldorf 1988, S. 140-141; vgl. weiter: Hoffmann, H. J.: Wertanalyse - Die Antwort auf Kaizen, a.a.O., S. 194.

[249] Vgl. Sakurai, M. / Keating, P. J.: Target Costing und Aktivity-Based Costing, a.a.O., S. 86.

[250] Vgl. Horváth, P. / Niemand, S. / Wolbold, M.: Target Costing - State of the Art. In: Horváth, P. [Hrsg.]: Target Costing, a.a.O., S. 16 und im folgenden S. 16-21.

[251] Vgl. Buggert, W. / Wielpütz, A.: Target Costing - Grundlagen und Umsetzung des Zielkostenmanagements, a.a.O.,
S. 112-113.

Neben dem hohen Anteil übereinstimmender Zielsetzungen im Rahmen des Gesamtprozesses, kann ihr in der Phase der Kostenspaltung durch ihre konkrete Ausgestaltung der Funktionsanalyse sowie der Systematisierung eine besondere Eignung zuerkannt werden.

Damit die Potentiale der Wertanalyse in vollem Umfang genutzt werden können, ist es notwendig, beide Systeme bereits im Rahmen der Unternehmensplanung so miteinander in Übereinstimmung zu bringen, dass sie sich gegenseitig ergänzen und infolgedessen voneinander profitieren.[252] Hinsichtlich der Koordination ist das Controlling gefragt, welches u.a. die Abstimmung der Planungsstufen, das heißt die Angleichung der Phasen der strategischen, operativen und taktischen Planung zur Aufgabe hat.[253]

4.4.1 Einordnung der Wertanalyse in die Unternehmensplanung und operationale Unterstützung des Zielkostenmanagements

Die Einordnung der Wertanalyse in die Unternehmensplanung geschieht, wie oben bereits angeführt, in Abstimmung mit dem Prozess des Zielkostenmanagements. Unbestritten ist, dass dem Zielkostenmanagement eine strategische Dimension in der Unternehmensplanung zukommt.[254] Durch seine uneingeschränkte Marktorientierung werden Chancen und Risiken des Unternehmens abgewogen und Vorgaben für die Gestaltung marktgerechter Produkte festgelegt.[255]

Die durch die strategische Dimension des Zielkostenmanagements festgelegten Produktgestaltungsmaßnahmen sollen, wie alle unternehmerischen Aktivitäten, einen möglichst großen Beitrag zur Verwirklichung der Unternehmensziele leisten und zielen damit gleichermaßen auf die operative Ebene der Unternehmensplanung

---

[252] Die unterstützende Einbindung der Wertanalyse in den Prozess des Target Costing kann im Sinne von Mählck und Panskus als die Verknüpfung einzelner Regelkreise verstanden werden, die einander bedingen, um von der Idee zum fertigen Produkt zu gelangen. Vgl. hierzu: Mählck, H. / Panskus, G.: Herausforderung lean production - Möglichkeiten zur wettbewerbsgerechten Erneuerung von Unternehmen, a.a.O., S. 122-125.

[253] Vgl. Horváth, P.: Controlling, a.a.O., S. 195.

[254] Vgl. hierzu: Hieke, H.: Rechnen mit Zielkosten als Controllinginstrument. In: WiSt (1994), Heft 10, S. 498 und die in
Abschnitt 3.1 „Unternehmensplanung und -strategie als bestimmendes Merkmal für den Target Costing Prozess“ aufgeführten Literaturhinweise.

[255] Vgl. Bullinger, H.-J. / Warschat, J. / Frech, J.: Kostengerechte Produktentwicklung - Target Costing und Wertanalyse im Vergleich. In: VDI-Z (1994), Heft 10, S. 78.

ab.[256] Geht man vereinfachend davon aus, dass die Zielsetzung eines Unternehmens auf der operativen Ebene in der Erzielung maximaler Gewinne zu sehen ist,[257] zeigen sich Teilziele, die zunächst unvereinbar miteinander konkurrieren. Zum einen sollen durch die Produktgestaltung maximale Erlöse erzielt werden, was zumindest tendenziell die reichhaltige Ausstattung der Produkte mit Funktionen erfordert. Zum anderen sollen die Kosten gering gehalten werden, was eine Konzentration auf wenige Produkteigenschaften impliziert.[258]

Als Maßgabe der Produktausgestaltung kann ein Leitsatz der Wertanalyse herangezogen werden, der von Bucksch und Rost wie folgt formuliert wird: „Nicht so gut wie möglich, sondern nur so gut wie nötig."[259] Somit ist die Wertanalyse in der Lage, die erforderlichen Funktionen des Produkts zu definieren und den Aufwand zur Vertiefung von Details in ein angemessenes Verhältnis zum beabsichtigten Ziel-Gewinn zu stellen. Durch die Präzisierung der Produktfunktionen kann der Informationsstand ständig verbessert und die aufgestellten Pläne angepasst und zugleich zunehmend detailliert werden.[260] Die Wertanalyse leistet damit einen wesentlichen Beitrag, um die Verbindung von der strategischen Ausrichtung des Zielkostenmanagements zur operationalen Ebene herzustellen.

Problematischer sind dagegen die Fähigkeiten der Wertanalyse auf der strategischen Ebene der Produktgestaltung einzustufen. Zum einen wurde festgestellt, dass der Marktbezug, der ein wesentliches Element zur Analyse von Stärken und Schwächen des Unternehmens ist,[261] nur indirekt, das heißt nur über den Qualitätsbegriff Einzug in die Wertanalyse hält. Zum anderen verläuft auch die Integration technischer Aspekte nicht simultan, sondern wird sukzessive in die Produktformulie-

---

[256] Vgl. Horváth, P.: Controlling, a.a.O., S. 195, insbesondere auch Abbildung 3.24 auf S. 197.

[257] Vgl. zur Zielsetzung des Unternehmens auf operativer Ebene beispielsweise: Serfling, K.: Controlling, a.a.O., S. 36, vgl. weiter: Friedl, B.: Kostenplanung und -steuerung in der Entwicklung. In: Corsten, H. [Hrsg.]: Handbuch Produktionsmanagement, Wiesbaden 1994, S. 503.

[258] Vgl. Schröder, H. H.: Wertanalyse als Instrument optimierender Produktgestaltung. In: Corsten, H. [Hrsg.]: Handbuch Produktionsmanagement, a.a.O., S. 166.

[259] Bucksch, R. / Rost, P.: Einsatz der Wertanalyse zur Gestaltung erfolgreicher Produkte, a.a.O., S. 358.

[260] Vgl. Horváth, P.: Controlling, a.a.O., S. 197.

[261] Franke und Zerres verweisen darauf, dass Lagediagnosen, als solche wird die Stärken und Schwächen-Analyse eingestuft, auch extern zur Anwendung kommen. Beispielsweise in Form von Marktanalysen. Vgl. Franke, R. / Zerres, M.: Planungstechniken - Instrumente für zukunftsorientierte Unternehmensführung, a.a.O., S. 15.

rung eingebracht, wie auch der Wertanalyse-Arbeitsplan verdeutlicht.[262] Dieser zeigt, dass zum Beispiel die technischen Mittel für die Bewirkung der Produktfunktionen (Grundschritte 4-6) erst ermittelt werden, nachdem die Soll-Funktionen und lösungsbedingten Vorgaben (Grundschritte 3.2 - 3.3) festgelegt worden sind.

Wie angesprochen, versucht die Wertanalyse in ihrer Ausprägung zum „Value Management" angrenzende Bereiche stärker einzubinden. Diese Eigenschaft wird bisweilen als ein Kennzeichen der strategischen Gesamtausrichtung der Wertanalyse interpretiert.[263] Im folgenden soll der Diskussion, ob und in welcher Weise der Wertanalyse eine strategische Dimension zukommt, nicht weiter gefolgt werden. Vielmehr wird, in Übereinstimmung mit der getroffenen Zielsetzung, dass sich beide Systeme sinnvoll ergänzen, die Wertanalyse als eine primär operationale Unterstützung des Zielkostenmanagements gesehen, die auch die Einbindung weiterer unterstützender Methoden berücksichtigt.

Im Prozess des Zielkostenmanagements bildet die Wertanalyse, in Erfüllung dieser Aufgabe, die entscheidende Verbindung zwischen der eher strategisch einzuordnenden Marktanalyse im Vorfeld der Produktentwicklung und der operational / taktischen Ausrichtung realisierender Instrumente, wie etwa der konstruktionsbegleitenden Kalkulation etc., die in der Phase des Produktentwurfs und der Produktausarbeitung zur Anwendung kommen.

---

[262] Vgl. Schröder, H. H.: Wertanalyse als Instrument optimierender Produktgestaltung. In: Corsten, H. [Hrsg.]: Handbuch Produktionsmanagement, a.a.O., S. 167.

[263] Vgl. Jehle, E.: Entwicklungstrends der Wertanalyse zum Value Management. In: Milling, P. [Hrsg.]: Systemmanagement und Managementsysteme, a.a.O., S. 222-225.

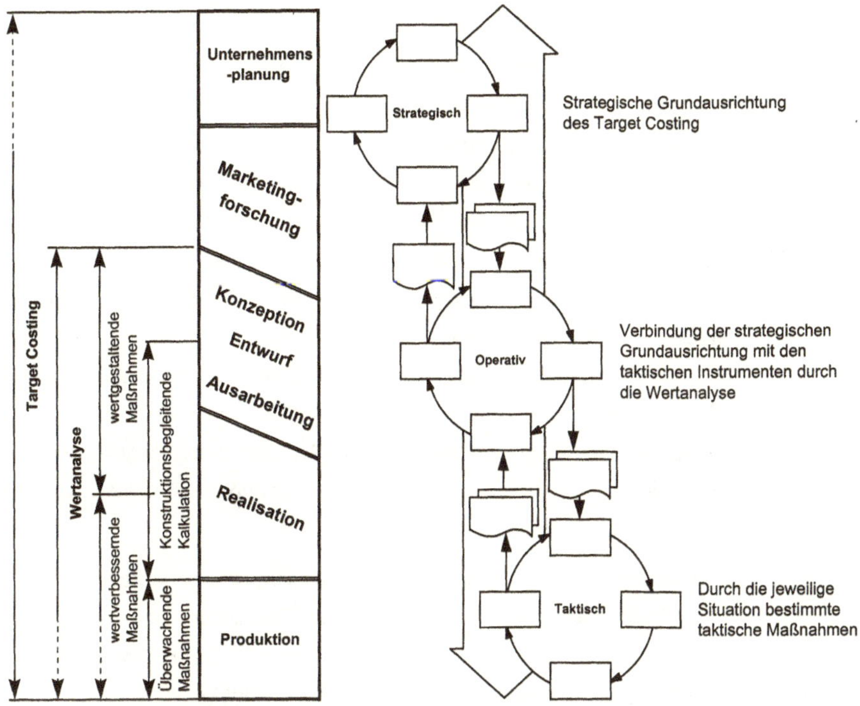

Abb. 19: Unterstützende Einordnung der Wertanalyse in das Zielkostenmanagement.
Quelle: Eigene Darstellung.

4.4.2 Wertanalyse als begleitendes Kostensenkungsinstrument der Produktentstehung

Nachdem die Rolle der Wertanalyse als verbindendes Element des Zielkostenmanagements konstatiert wurde, richtet sich das Interesse im weiteren Verlauf auf wertanalytische Kostensenkungsaspekte. In diesem Zusammenhang wird zunächst noch einmal die Frage nach dem günstigsten Einsatzzeitpunkt der Wertanalyse aufgegriffen. Zwar konnte bereits in Abschnitt 4.3.1 pauschal festgehalten werden, dass die Wertanalyse in den frühen Phasen der Produktentstehung die höchsten Einsparungen erzielt. Ungeklärt ist jedoch, wann genau der geeignetste Zeitpunkt gekommen ist, um die Wertanalyse in den Prozess des Zielkostenmanagements zu integrieren.

4.4.2.1 Bestimmung des optimalen Einsatzzeitpunktes der Wertanalyse im Prozess des Zielkostenmanagements

Vertreter der Wertanalyse, wie beispielsweise Hoffmann, sehen den idealen Einsatzzeitpunkt bereits in der Ideenfindung, da in diesem Stadium hauptsächlich Gedankengut, Grundidee und eventuell Entwurfskonzepte vorliegen.[264] Demnach kann die Funktionsanalyse in dieser Phase uneingeschränkt, das heißt ohne bedingende Parameter durchgeführt werden.[265] Von anderer Seite wird indes entgegengehalten, dass davon auszugehen ist, dass die Anwendung der Wertanalyse innerhalb der Produktplanung um so schwieriger wird, je früher die Methode zum Einsatz kommt.[266] Der Grund wird darin gesehen, „(...) dass mit abnehmenden Grad der Konkretisierung des Produkts in Richtung auf seinen Ursprung gleichsam die wertanalytischen Ansatzpunkte (...) zunehmend an 'Griffigkeit' verlieren."[267] Da jedoch das Zielkostenmanagement in Form der Conjoint-Analyse einen angemessenen „Vorbau" zur Präzisierung der kundenorientierten Produktmerkmale herstellt, verliert der genannte Einwand an Gewicht.[268]

Allgemein gilt festzuhalten, dass für den erfolgreichen Einsatz der Wertanalyse zumindest erste greifbare Daten, wie eine fest umrissene Produktidee, ein Zielkatalog, ein Lastenheft oder ein Entwurfskonzept vorliegen müssen.[269] Daten dieser Art sind in der Regel nach Abschluss der Marketingforschung verfügbar, so dass der optimale Einsatzzeitpunkt der Wertanalyse mit Beginn der Entwicklung, das heißt im Stadium der Produktkonzeption, gekommen ist.[270] Mit zunehmender Detaillierung des Produktkonzeptes wird der Einsatz der Wertanalyse kontinuierlich wiederholt und damit das Ziel verfolgt, die Wertanalyse auf unterschiedlichen Abstraktionsebe-

---

[264] Vgl. Hoffmann, H. J.: Wertanalyse - Die Antwort auf Kaizen, a.a.O., S. 34.

[265] Vgl. ebenda, S. 34.

[266] Vgl. Witschke, H. J.: Die Informationsfunktion des Produkts in der Wertanalyse - Ein Ansatz zur Wertsteigerung von Produkten, a.a.O., S. 170.

[267] Ebenda, S. 170-171.

[268] Nach Meinung von Knoblich und Dehnhard liefert die Conjoint-Analyse die Basis, um erfolgreiche Produktmerkmale zu definieren. Im übertragenen Sinne werden danach konkrete, durch den Markt festgelegte „Ansatzpunkte" geliefert. Vgl. Knoblich, H. / Denhardt, H. P.: Einsatz der Conjoint-Analyse zur PKW-Gestaltung - Die Konzeption von Sondermodellen. In: Marktforschung & Management (1991), Heft 4, S. 181.

[269] Vgl. Bronner, A.: Einsatz der Wertanalyse in Fertigungsbetrieben, a.a.O., S. 94.

[270] Vgl. Franke, R. / Zerres, M.: Planungstechniken - Instrumente für zukunftsorientierte Unternehmensführung, a.a.O., S. 121.

nen durchzuführen.[271] In Folge der Sequenz ist es möglich, eine kosten- und wertmäßig optimale Gestaltung auf den Ebenen des Konzipierens, des Entwerfens und des Aus- und Überarbeitens zu erreichen.[272] Damit der Aufwand den Nutzen nicht übersteigt und die Produktentwicklung forciert wird, sollte sich das wertanalytische Engagement jedoch auf solche Schwerpunkte konzentrieren, die sich durch eine große Differenz zwischen den Standardkosten und den Erlaubten Kosten auszeichnen.[273]

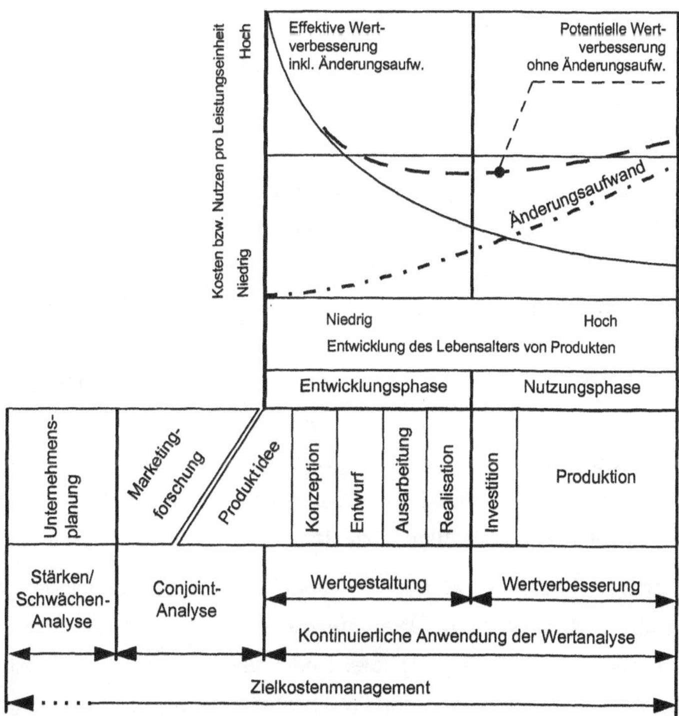

Abb. 20: Wertverbesserungspotential in Abhängigkeit der Produktentstehungsphasen.
Quelle: In Anlehnung an: Verein Deutscher Ingenieure VDI, 1991, S. 20.

[271] Vgl. Buggert, W. / Wielpütz, A.: Target Costing - Grundlagen und Umsetzung des Zielkostenmanagements, a.a.O., S. 114; vgl. in diesem Zusammenhang: Jehle, E.: Wertanalyse - Ein System zum Lösen komplexer Probleme, a.a.O., S. 287.

[272] Vgl. Sakurai, M. / Keating, P. J.: Target Costing und Aktivity-Based Costing, a.a.O., S. 87-88.

[273] Vgl. Buggert, W. / Wielpütz, A.: Target Costing - Grundlagen und Umsetzung des Zielkostenmanagements, a.a.O., S. 114; vgl. hierzu auch: Verein Deutscher Ingenieure: Ohne Titeleintrag. In: VDI Zentrum Wertanalyse [Hrsg.]: Wertanalyse - Idee, Methode, System, a.a.O., S. 21.

4.4.2.2 Funktionengestütztes Vorgehen als Synthese zwischen den Produktmerkmalen und der technischen Umsetzung

Um die Lücke zwischen den Standardkosten und den Erlaubten Kosten zu schließen oder zumindest soweit wie möglich zu reduzieren, steht das Ansinnen im Vordergrund, das verfügbare Kostenbudget so auf die Funktionen zu verteilen, wie es der Bedeutung der einzelnen Komponenten entspricht.[274] Nur auf diese Weise können die Ressourcen entsprechend den Kundenwünschen verteilt werden. Die Wertanalyse kann diesem Anspruch durch ihre produktfunktionale Vorgehensweise gerecht werden. Sie ermöglicht damit die kostenorientierte Synthese, um von den gewünschten Produktmerkmalen hin zu einer Vorgabe für die technische Umsetzung zu gelangen.[275]

Als problematisch erweist sich jedoch die Art der verfügbaren Kosteninformationen, die vorrangig auf der Grundlage von Zahlenmaterial aus der Finanzbuchhaltung, der Materialbuchhaltung etc. basiert und zur Bestimmung von Kostenarten und Umlage auf Kostenstellen und Kostenträgern gedacht ist.[276] Demzufolge geht mit einer wirksamen Integration der Wertanalyse in den Prozess des Zielkostenmanagements auch die Forderung nach einer Anpassung der Kostenrechnung einher, die nicht mehr nur die althergebrachten Daten liefern darf, sondern die Produktfunktionen als Bewertungskriterium in den Vordergrund stellen muss.[277] Überdies ist es notwendig, die funktionsbezogenen Kosteninformationen frühzeitig, notfalls auf Kosten der Genauigkeit zur Verfügung zu stellen.[278]

Die Schwierigkeit, Kosten exakt den Funktionen zuordnen zu können, ist allerdings für die praktische Anwendung der Wertanalyse im Prozess des Zielkostenmanagements grundsätzlich von untergeordneter Bedeutung, da hier die Zielkosten unter Berücksichtigung der Gewichtung der Produktmerkmale auf die Funktionen verteilt

[274] Vgl. Bucksch, R. / Rost, P.: Einsatz der Wertanalyse zur Gestaltung erfolgreicher Produkte, a.a.O., S. 356.

[275] Vgl. Seidenschwarz, W.: Target Costing - Marktorientiertes Zielkostenmanagement, a.a.O., S. 170.

[276] Vgl. Haberstock, L.: Kostenrechnung I - Einführung, Band 1, 8. Aufl., Hamburg 1987, S. 18-26.

[277] Vgl. Buggert, W. / Wielpütz, A.: Target Costing - Grundlagen und Umsetzung des Zielkostenmanagements, a.a.O., S. 214; vgl. insbesondere auch: Jehle, E.: Wertanalyse - Ein System zum Lösen komplexer Probleme, a.a.O., S. 290.

[278] Vgl. Buggert, W. / Wielpütz, A.: Target Costing - Grundlagen und Umsetzung des Zielkostenmanagements, a.a.O., S. 214.

werden.[279] Bedeutender ist die angemessene Auswahl der Analyseobjekte und der damit verbundenen Funktionen. Eine explizite Untersuchung jeder einzelnen Funktion wird insbesondere bei größeren Objekten als unwirtschaftlich erachtet und in der Praxis nur sehr selten vorgenommen.[280] Zur Unterstützung der Objektauswahl bietet sich die ABC-Analyse an, die eine Konzentration auf das Wesentliche ermöglicht und die Ressourcen entsprechend steuert.[281] Neben der bereits vorgenommenen Einschränkung der Merkmalskombinationen im Rahmen der Conjoint-Analyse, erweist sich auch bei der Funktionsstrukturierung ein geringer Komplexibilitätsgrad als vorteilhaft. Denn, je geringer der Beziehungsreichtum des Produkts ist, desto weniger richtet sich die Aufmerksamkeit auf Realisierungsdetails.[282] Vielmehr steht sodann das Objekt als solches im Blickpunkt des Interesses. Zur Gliederung der Funktionen kann der bereits mehrmals angesprochene und in der Wertanalyse gebräuchliche Funktionenbaum genutzt werden.

Im Zuge der fortschreitenden Funktionenanalyse erfolgt im sich daran anschließenden Schritt die Zuordnung der Funktionen auf die Komponenten.[283] Dies geschieht in Abhängigkeit von der Bedeutung, die die Anwender den einzelnen Funktionen zumessen. Eine Methode der systematischen Bewertung von Produktfunktionen ist die COMBINEX-Tabelle.[284] Diese, auch unter dem Begriff „Funktionskostenmatrix" bekannte Methode, dient dem Erkennen und Zusammenstellen von Teilfunktionen, welche, unter Berücksichtigung der relativen Bedeutung, die den Einzelfunktionen

---

[279] Vgl. ebenda, S. 115, vgl. den Bezug auf: Bucksch, R. / Rost, P.: Einsatz der Wertanalyse zur Gestaltung erfolgreicher Produkte, a.a.O., S. 356.

[280] Vgl. Franke, R. / Zerres, M.: Planungstechniken - Instrumente für zukunftsorientierte Unternehmensführung, a.a.O., S. 128-129; vgl. im weiteren: Ehrlenspiel, K.: Möglichkeiten zum Senken der Produktkosten - Erkenntnisse aus einer Auswertung von Wertanalysen. In: Konstruktion (1980), Heft 5, S. 175.

[281] Vgl. Müller, H. / Wolbold, M.: Target Costing im Entwicklungsbereich der „ElektroWerk AG". In: Horváth, P. [Hrsg.]: Target Costing, a.a.O., S. 144.

[282] Vgl. Gierse, F. J.: Funktionen und Funktionen-Strukturen - Zentrale Werkzeuge der Wertanalyse. In: Verein Deutscher Ingenieure [Hrsg.]: VDI-Berichte 849 - Wertanalyse — Wertgestaltung — Value-Management - Neue Impulse zum ganzheitlichen Problemlösen, Tagung Nürnberg, 13. und 14. November 1990, Düsseldorf 1990, S. 31.

[283] Unter Bezug auf die getroffene Aussage, dass ein geringerer Komplexitätsgrad die Hauptziele der Wertanalyse wesentlich zu unterstützen in der Lage ist, werden die aus der Conjoint-Analyse abgeleiteten Produktmerkmale vorrangig mit der Gestaltung der Hauptfunktionen in Verbindung gebracht. Vgl. hierzu auch: Seidenschwarz, W.: Target Costing - Marktorientiertes Zielkostenmanagement, a.a.O., S. 172.

[284] Vgl. Bender, G.: Was ist Wertanalyse - Und was macht sie für die Industriesoziologie und gesellschaftstheoretisch so interessant?, a.a.O., S. 147.

im Rahmen der Gesamtfunktion zukommt, miteinander verknüpft werden.[285] Ziel ist es, die Kombination der Erfüllungsgrade einzelner untergeordneter Funktionen für jede zu bewertende Alternative sichtbar zu machen.[286] Hierzu wird eine Tabelle angefertigt, in der jede Alternativlösung (z.B. hydro-pneumatische Spannvorrichtung, manuelle Spannvorrichtung) mit jeder Einzelfunktion (z.B. Spannleistung, Bedienung etc.) in Beziehung gesetzt wird.

Anfangs wird jede Alternative einzeln untersucht und der Grad ihrer Funktionserfüllung quantifiziert. Idealerweise liegt dieser zwischen technisch perfekt (= 100%ige Funktionserfüllung) und unbrauchbar (= 0%ige Funktionserfüllung).[287] Der für die Realisierung relevante Bereich umfasst jedoch nicht die gesamte Bandbreite, sondern nur den Ausschnitt, der auch zu realisieren ist. Ähnlich wie im Zielkostenkontrolldiagramm ist der Bereich nach unten dadurch begrenzt, dass ein Mindestmaß an Funktionserfüllung sichergestellt sein muss, um das Produkt überhaupt verkaufen zu können. Nach oben ist der Bereich durch die wirtschaftliche Grenze abgesteckt, da eine 100%ige Lösung im allgemeinen sehr teuer sein wird.[288]

Die so bestimmten Werte werden nunmehr unter Bezug auf die den Funktionen zugrundeliegende Kundenbeurteilung gewichtet und der Beitrag, den die Komponenten zur Realisierung der Teilfunktion leisten, im Zuge einer Schätzung[289] bestimmt.[290] Aus der Multiplikation beider Werte errechnet sich das Teilgewicht, das die Komponente zur Realisierung der Hauptfunktion beiträgt.[291] Die kumulierten Teilgewichte der untersuchten Komponente über alle Funktionen beziffern den prozentualen Beitrag, den die Komponente an der Erfüllung der Gesamtfunktion leis-

---

[285] Vgl. Fallon, C.: Produktivitätssteigerung durch Wertanalyse - Optimaler Einsatz von Menschen, Mitteln, Maschinen. Frankfurt 1973, S. 149-150. Zitiert nach: Bender, G.: Was ist Wertanalyse - Und was macht sie für die Industriesoziologie und gesellschaftstheoretisch so interessant?, a.a.O., S. 147.

[286] Vgl. Bender, G.: Was ist Wertanalyse - Und was macht sie für die Industriesoziologie und gesellschaftstheoretisch so interessant?, a.a.O., S. 147.

[287] Vgl. ebenda, S. 148.

[288] Vgl. Abschnitt 3.4.3 „Schritte der Zielkostenspaltung“ [Sechster Schritt].

[289] Die Schätzung der Funktionen erfolgt in der Regel auf der Basis bestehender Werte, die in Form einer produktbezogenen Datenbank vorliegen. Klassifiziert wird hierbei u.a. nach Funktionen und Formen, so dass ein schneller Zugriff auf bereits vorhandene paritätische Produktkomponenten möglich ist. Vgl. Tönshoff, H. K. / Aurich, J. C.: Rechnerunterstützte Konstruktion funktionaler Freiformflächen mit Technischen Elementen. In: VDI-Z (1995), Heft 1/2, S. 50-53.

[290] Vgl. Abschnitt 3.4.3 „Schritte der Zielkostenspaltung“ [Fünfter Schritt].

tet.[292] Demzufolge sollte die Kostenzuteilung für die technische Umsetzung durch diese Komponente möglichst in Höhe des errechneten prozentualen Wertes erfolgen.[293] Wichtig ist hier anzumerken, dass die scheinbar genauen Prozentzahlen aus der Kombination von Marketinguntersuchungen und einer Schätzung des Erfüllungsgrades resultieren. Sie können also nur einen richtungsweisenden Charakter im Sinne einer Soll-Vorgabe haben. Unter Verwendung der konstruktionsbegleitenden Kalkulation, insbesondere in ihrer Ausprägung als Fuzzy-Kalkulation, ist jedoch eine schnelle Überprüfung der Soll-Vorgaben in bezug auf ihre Umsetzung in Produktkomponenten möglich.[294]

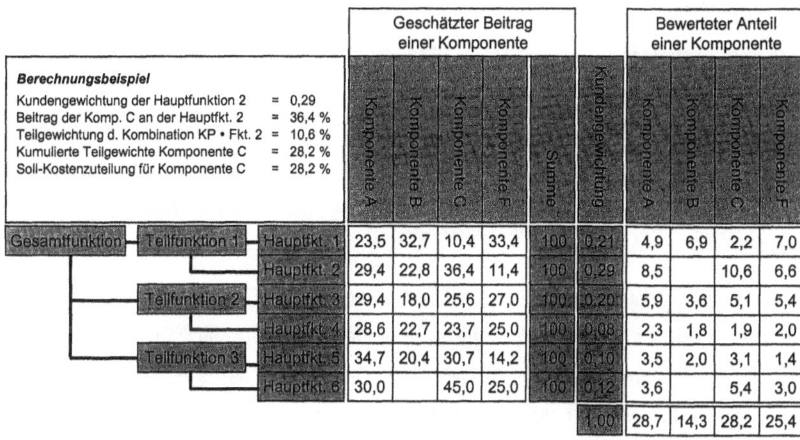

		Geschätzter Beitrag einer Komponente						Bewerteter Anteil einer Komponente			
		Komponente A	Komponente B	Komponente C	Komponente F	Summe	Kundengewichtung	Komponente A	Komponente B	Komponente C	Komponente F
Teilfunktion 1	Hauptfkt. 1	23,5	32,7	10,4	33,4	100	0,21	4,9	6,9	2,2	7,0
	Hauptfkt. 2	29,4	22,8	36,4	11,4	100	0,29	8,5		10,6	6,6
Teilfunktion 2	Hauptfkt. 3	29,4	18,0	25,6	27,0	100	0,20	5,9	3,6	5,1	5,4
	Hauptfkt. 4	28,6	22,7	23,7	25,0	100	0,08	2,3	1,8	1,9	2,0
Teilfunktion 3	Hauptfkt. 5	34,7	20,4	30,7	14,2	100	0,10	3,5	2,0	3,1	1,4
	Hauptfkt. 6	30,0		45,0	25,0	100	0,12	3,6		5,4	3,0
							1,00	28,7	14,3	28,2	25,4

Abb. 21: Überleitung vom Funktionenbaum zur Funktionskostenmatrix.
Quelle: In Anlehnung an: Bender, 1993, S. 147-148.

[291] Vgl. Niemand, S.: Target Costing im Anlagenbau, a.a.O., S. 329.
[292] Vgl. ebenda, S. 329.
[293] Vgl. Burger, A. / Schellberg, B.: Kostenmanagement mittels Wertanalyse, a.a.O., S. 148.
[294] Vgl. Abschnitt 3.3.1 „Market into Company" und die in Bezug auf die Fuzzy-Kalkulation gemachten Angaben.

4.4.2.3 Anwendung der wertanalytischen Systematik im Prozess des Zielkostenmanagements

Im folgenden wird nun die durch den Arbeitsplan dokumentierte, wertanalytische Systematik der Wertanalyse noch einmal aufgegriffen. Ohne detailliert jeden Teilschritt anzusprechen, wird unter Bezugnahme auf den Prozess des Zielkostenmanagements das Ziel verfolgt, die als wesentlich erachteten Gliederungspunkte mit den Phasen und Methoden des Zielkostenmanagements zu verbinden.

Wie bereits in Abbildung 20 angedeutet, sind die Übergänge zur Anwendung der Wertanalyse nach Abschluss der Marketingforschung fließend. Das heißt, wertanalytisches Gedankengut hält bereits in der Konzeptionsphase Einzug in die Produktentwicklung.[295] Mit Beginn der Produktplanung, respektive der Phase des Produktentwurfs, konkretisieren sich die Vorstellungen über das zu entwickelnde Produkt und seiner Komponenten.[296] Die Schritte der Kostenspaltung begleitend, können die Stärken der Wertanalyse hier eine bedeutende Unterstützung des Zielkostenmanagement-Prozesses liefern. Folglich konzentrieren sich die Ausführungen dieses Abschnitts überwiegend auf die Phasen des Produktentwurfs und der Produktausarbeitung.

Im Rahmen der Produktkonzeption wird vom Management evaluiert, welches neue Produkt aufgrund der Marketingforschung entwickelt werden soll.[297] Um die Objektauswahl zu erleichtern, sollte die ABC-Analyse eingesetzt werden, die, wie bereits vermerkt, die Konzentration auf das Wesentliche erlaubt.[298] Nachdem die Objektentscheidung durch das Management getroffen worden ist, wird in Übereinstimmung mit dem ersten Schritt des Wertanalyse-Arbeitsplans ein verantwortlicher Produktmanager benannt, der das weitere Vorgehen erarbeitet und das Team zusammenstellt.[299]

---

[295] Vgl. hierzu: Abschnitt 4.4.1.1 „Bestimmung des optimalen Einsatzzeitpunktes der Wertanalyse im Prozess des Target Costing“ und die dort angegebene Literatur.

[296] Vgl. Klinger, B. F.: Target Cost Management - Durch marktorientiertes Zielkostenmanagement können Automobilhersteller ihre Produktkosten senken, a.a.O., S. 205.

[297] Vgl. ebenda, S. 203.

[298] Vgl. Abschnitt 4.4.2.2 „Funktionengestütztes Vorgehen als Synthese zwischen den Produktmerkmalen und der technischen Umsetzung“ und die dort angegebene Literatur.

[299] Vgl. Deutsches Institut für Normung e.V. [Hrsg.]: DIN 69910 (Wertanalyse) in der Fassung von August 1987, a.a.O., S. 6.

Gemeinsam werden alle kritischen Faktoren, welche die später entstehenden Kosten determinieren, ermittelt und in einem sogenannten Basisplan festgehalten.[300] Anhand dieses Plans kann geprüft werden, ob das beabsichtigte Produkt mit der Gewinnplanung des Unternehmens übereinstimmt oder nicht. Die bis hier zusammenfassend formulierten Maßnahmen lassen sich mittels des Arbeitsplans weiter konkretisieren und münden als klassifizierte Teilaufgaben, das heißt untergliedert in funktionserfüllende Komponenten,[301] in den Produktentwurf.[302] Unterstützend wird auf der Basis der vorläufigen Pläne ein Prototyp erstellt, der wichtige Informationen für den nachfolgenden wertanalytischen Durchlauf liefert.[303]

Im Zuge der Objektanalyse werden in den Teilschritten 2.1 bis 2.4 des zweiten Durchlaufs Objekt- und Umfeldinformationen ermittelt. Die Objektinformationen dienen der Beschreibung des Produkts bzw. der Produktkomponenten und werden unter Bezug auf die konstruktionsbegleitende Kalkulation oder die bestehenden Kostenrechnungssysteme festgestellt.[304] Zur Bestimmung von Umfeldinformationen leistet das Zielkostenmanagement durch seinen externen Bezug den entscheidenden Beitrag, indem durch die Markt- und Konkurrenzanalyse relevante Markt- und Anwenderdaten zeitgerecht zur Verfügung gestellt werden. Darüber hinaus wird die Möglichkeit eröffnet, den Ist-Zustand der Komponenten in Abhängigkeit von ihrer Marktposition zu beschreiben.[305] Um neue Wege zu eröffnen, vollzieht sich bereits in Teilschritt 2.3 die Lösung von der konstruktiven Einteilung der Komponenten hin

---

[300] Vgl. Klinger, B. F.: Target Cost Management - Durch marktorientiertes Zielkostenmanagement können Automobilhersteller ihre Produktkosten senken, a.a.O., S. 203.

[301] Man spricht im Zusammenhang einer Unterteilung des Gesamtproduktes in zielkostendeterminierte Teilaufgaben auch von der „Dekomposition eines Produktes". Durch dieses Vorgehen wird eine partielle Zuordnung der Target Costs ermöglicht. Vgl. hierzu: Seidenschwarz, W.: Target Costing - Marktorientiertes Zielkostenmanagement, a.a.O., S. 170-173.

[302] Vgl. VDI-Richtlinie 2225: In: Verein Deutscher Ingenieure VDI [Hrsg.]: Konstruktionsmethodik - Technisch-wirtschaftliches Konstruieren - Technisch-wirtschaftliches Bewerten, Düsseldorf 1990, Blatt 3, S. 2.

[303] Vgl. Klinger, B. F.: Target Cost Management - Durch marktorientiertes Zielkostenmanagement können Automobilhersteller ihre Produktkosten senken, a.a.O., S. 206.

[304] Vgl. Müller, H. / Wolbold, M.: Target Costing im Entwicklungsbereich der „ElektroWerk AG". In: Horváth, P. [Hrsg.]: Target Costing, a.a.O., S. 145.

[305] Vgl. Seidenschwarz, W.: Target Costing - Durch marktgerechte Produkte zu operativer Effizienz oder: Wenn der Markt das Unternehmen steuert. In: Horváth, P. [Hrsg.]: Target Costing, Stuttgart 1993, S. 31.

in Richtung auf eine funktionenorientierte Gliederung in Funktionsarten, Funktionsklassen und unerwünschte Funktionen.[306]

Unter Bezug auf die erforderlichen Marktanforderungen wird in der nächsten Stufe der Systematik der Soll-Zustand und damit die Grundlage der Ideensuche festgelegt.[307] Ein wichtiger Informationslieferant ist hier die im Zielkostenmanagement fest eingebundene Conjoint-Analyse, indem sie die nötigen Informationen zur Gewichtung der Produktfunktionen aus der Sicht des Kunden beisteuert.[308] Weitere Informationen gehen auf die Unternehmensplanung zurück. Diese können, wie beschrieben, über die strategische Orientierung des Zielkostenmanagements auf operationale Teilziele, die die Wertanalyse zu lösen imstande ist, heruntergebrochen werden. Kontingentiert durch diese Parameter lassen sich unter Zuhilfenahme der erweiterten Funktionskostenmatrix[309] die Soll-Funktionen beschreiben. Ferner können die Kostenziele so auf die, nach funktionellen Kriterien eingeteilten, Komponenten übertragen werden, wie dies den Zielvorstellungen entspricht.[310] Damit wird der Ausgangspunkt für den schöpferischen Schwerpunkt des Gesamtsystems[311] gelegt, der in der Wertanalyse-Systematik unter Schritt vier vorgenommen wird.

Wird im vorangegangenen Schritt festgestellt, dass für die kundengerechte Funktionserfüllung zu hohe Kosten entstehen, oder Funktionen übererfüllt werden, ist die

---

[306] Vgl. Deutsches Institut für Normung e.V. [Hrsg.]: DIN 69910 (Wertanalyse) in der Fassung von August 1987, a.a.O., S. 6.

[307] Vgl. ebenda, S. 7.

[308] Vgl. Seidenschwarz, W.: Target Costing - Marktorientiertes Zielkostenmanagement, a.a.O., S. 205.

[309] Laut Wertanalyse-Arbeitsplan in der Fassung von August 1987 wird die Anfertigung einer Funktionskostenmatrix bereits zum Ende des zweiten Schrittes angeraten. Vgl. Deutsches Institut für Normung e.V. [Hrsg.]: DIN 69910 (Wertanalyse) in der Fassung von August 1987, a.a.O., S. 6. Da die Matrix aber wichtige Soll-Vorgaben liefert, wird von Seiten des Verfassers eine Verlagerung dieses Aspektes in den folgenden, dritten Schritt für geeigneter erachtet, um die Zielkostenspaltung zu unterstützen. Nach Bullinger / Warschat / Frech sind sinnvolle Abweichungen von der Norm durchaus zulässig, soweit die wichtigen Elemente der Wertanalyse nicht verlorengehen. Vgl. hierzu: Bullinger, H.-J. / Warschat, J. / Frech, J.: Kostengerechte Produktentwicklung - Target Costing und Wertanalyse im Vergleich, a.a.O., S. 74.

[310] Vgl. Niemand, S.: Target Costing im Anlagenbau, a.a.O., S. 329.

[311] Als Gesamtsystem wird die in den Prozess des Target Costing integrierte Wertanalyse verstanden. Für beide Methoden ist die interdisziplinäre Vorgehensweise ein wesentliches Charakteristikum. Vgl. Abschnitt 4.3.5 „Teamorientierung als Motiv des organisatorischen Wandels".

Veranlassung zur Entwicklung neuer Ideen gegeben.[312] Neben der interdisziplinären Arbeit aller Beteiligten, finden hier unterstützende Verfahren wie die morphologische Analyse, das Brainstorming etc. Anwendung. Zwar muss im Rahmen dieser Arbeit auf eine detaillierte Beschreibung der genannten Verfahren verzichtet werden, dennoch ist es wichtig darauf hinzuweisen, dass die auch im Arbeitsplan nach DIN 69910 aufgeführten Methoden eine wichtige Ergänzung zur produktfunktionalen Betrachtungsweise des Zielkostenmanagements und der Wertanalyse darstellen.[313]

Zur Lokalisierung geeigneter Lösungen ist es notwendig, die gesammelten Ideen zu verdichten und, unter Bezug auf die gesetzten Ziele auf ihre Durchführbarkeit und Wirtschaftlichkeit zu überprüfen.[314] Im Zusammenspiel mit dem Zielkostenmanagement gilt hierbei das besondere Interesse der Frage, inwieweit die betrachteten Lösungen in der Lage sind die Zielvorgaben zu realisieren. Um die Lösungen zu visualisieren, bietet sich das bereits beschriebene Zielkostenkontrolldiagramm an. Stellt sich hierbei heraus, dass keine der erarbeiteten Lösungen den erhobenen Ansprüchen gerecht werden kann und nach wie vor eine Lücke zwischen den Erlaubten Kosten und den Standardkosten klafft, liegt es in der Zielsetzung, diese zu schließen beziehungsweise soweit wie möglich zu verringern. Neben dem verstärkten Einsatz ergänzender Verfahren, die sowohl der Überprüfung der Ergebnisse als auch weiteren kostensenkenden Ambitionen zuträglich sind, gehört hierzu die wertanalytisch gestützte, regelmäßige Wiederholung der Schritte drei, vier, sechs und sieben der Zielkostenspaltung.[315] Nur bei gravierenden Änderungen der Ausgangsbedingungen, wie etwa einer Deviation der Umsatzprognose, der geforderten Um-

[312] Vgl. Müller, H. / Wolbold, M.: Target Costing im Entwicklungsbereich der „ElektroWerk AG“. In: Horváth, P. [Hrsg.]: Target Costing, a.a.O., S. 146.

[313] Vgl. Deutsches Institut für Normung e.V. [Hrsg.]: DIN 69910 (Wertanalyse) in der Fassung von August 1987, a.a.O., S. 7.

[314] Vgl. Müller, H. / Wolbold, M.: Target Costing im Entwicklungsbereich der „ElektroWerk AG“. In: Horváth, P. [Hrsg.]: Target Costing, a.a.O., S. 147.

[315] Vgl. Coenenberg, A. G. / Fischer, T. / Schmitz, J.: Target Costing und Product Life Cycle Costing als Instrumente des Kostenmanagements, a.a.O., S. 15; vgl. auch: Klinger, B. F.: Target Cost Management - Durch marktorientiertes Zielkostenmanagement können Automobilhersteller ihre Produktkosten senken, a.a.O., S. 207.

satzrendite oder einer Änderung des Produktanforderungsprofils und der damit verbundenen Gewichtung, ist es erforderlich, alle Schritte zu wiederholen.[316]

Durchquert indes eine Lösung erfolgreich den Zielkosten-Check, können im abschließenden Schritt die endgültigen Konstruktionspläne erstellt und, infolge dieser, die Zielkosten errechnet und festgelegt werden. Damit ist auch die Basis gegeben, um die Preise definitiv festzusetzen und die Produktionsfreigabe einzuleiten.[317]

4.5 Fazit aus der Integration der Wertanalyse in den Prozess des Zielkostenmanagements

Die Wertanalyse ist mehr als nur ein einfaches Kostensenkungsinstrument zur Erreichung der Zielkosten. Vielmehr kann sie als ein wesentlicher Teilbereich des gesamten Zielkostenmanagement-Prozesses charakterisiert werden. Insofern halten wertanalytische Aspekte nicht nur infolge der produktfunktionalen Vorgehensweise, wie sie bei der Zielkostenspaltung zur Anwendung kommt, Einzug in den Zielkostenmanagement-Prozess, sondern auch über die beiden Systemen inhärente Teamorientierung.

In der Ausweitung der Wertanalyse zum umfassenden Value Management versucht sie zudem „in Zielkostenmanagement-ähnlicher Manier“ die angrenzenden Ansätze stärker in die Produktentstehung einzubinden, was eine durchgängige Integration zusätzlich erleichtert. Eingebunden in den Gesamtprozess besitzt die Wertanalyse als Verbindungselement zwischen der strategischen Ausrichtung des Zielkostenmanagements und den konkreten, gestaltenden Maßnahmen der Produktausarbeitung die Fähigkeit, die am Markt ermittelten Produktmerkmale und das dafür bereitgestellte Kostenbudget so auf die Funktionen zu verteilen, wie es der Bedeutung der einzelnen Komponenten entspricht.

Als optimaler Einsatzzeitpunkt für den Beginn wertanalytischer Aktivitäten konnte der Abschluss der Marketingforschung identifiziert werden. Somit unterstützt die Wertanalyse die Produktentstehung bereits in der Phase der Konzeption. Das heißt, unmittelbar nachdem die Frage geklärt ist, welchen Produktmerkmalen der Kunde

---

[316] Vgl. ebenda, S. 16.

[317] Vgl. Müller, H. / Wolbold, M.: Target Costing im Entwicklungsbereich der „ElektroWerk AG“. In: Horváth, P. [Hrsg.]: Target Costing, a.a.O., S. 148.

eine besondere Bedeutung zumisst, analysiert die Wertanalyse die Frage, wie die gewünschten Merkmale in Kostenvorgaben zur Gestaltung der Komponenten übertragen werden können.

Für eine leichtere Transformation sorgt dabei die Systematik des Wertanalyse-Arbeitsplans, welche die Schritte der Zielkostenspaltung ergänzt bzw. konkretisiert. Wird die Wertanalyse nicht als reaktiv einzusetzendes Kostensenkungselement verstanden, sondern als fester Bestandteil des Zielkostenmanagements, ist sie in der Lage, eine vertikale Verbindung zwischen den strategischen Zielen des Unternehmens und der taktischen Umsetzung sowie eine horizontale Konkretisierung der Produktgestaltung zu erreichen.

Abbildung 22 zeigt den beschriebenen Sachverhalt durch Kombination der bis dato verwendeten Illustrationen noch einmal in kompakter, grafischer Form.

Ausgehend von der Unternehmensplanung, die durch die Outpacing-Strategie gestützt ein gewisses Maß an Flexibilität im Vorfeld der Produktentwicklung bietet, erlaubt die Anwendung der Conjoint-Analyse die kundenorientierte Ermittlung unerlässlicher Produktfunktionen. Diese werden durch die Wertanalyse in der beschriebenen Weise gegliedert und in Richtung auf ein konkretes, zu realisierendes Produkt verdichtet. Der Produktrealisation schließen sich im allgemeinen überprüfende und unterstützende Verfahren und Instrumente an, die das Erreichte auch in der Zukunft sichern und verbessern helfen sollen.

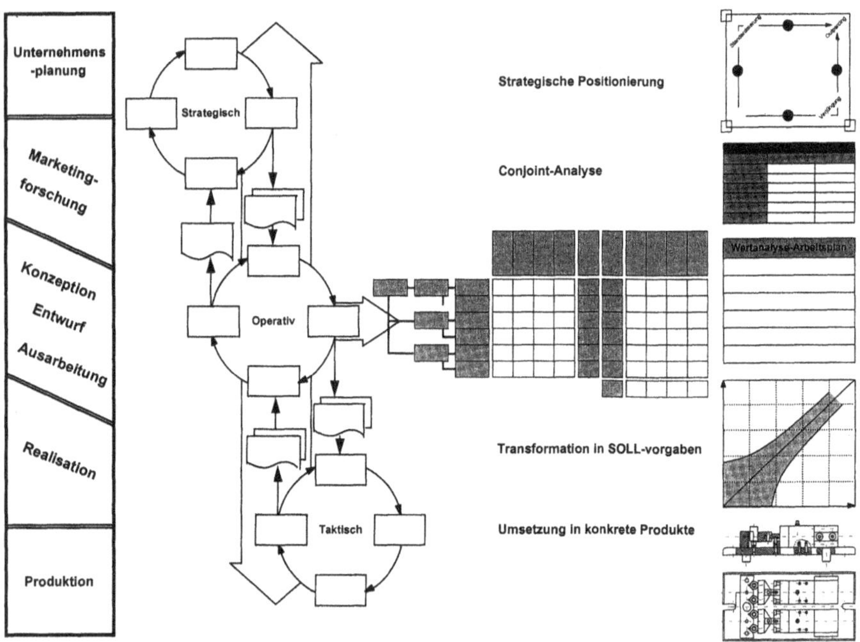

Abb. 22: Verbindung und Konkretisierung des Zielkostenmanagements durch die Wertanalyse.
Quelle: Eigene Darstellung.

5 Unterstützende Verfahren und Instrumente im Prozess des Zielkostenmanagements

5.1 Ergebniskontrolle der Zielkostenspaltung unter Verwendung von Benchmarking

Bereits in den Ausführungen des Abschnitts 4.4.2.3 wurde darauf hingewiesen, dass eine Überprüfung der Ergebnisse notwendig sein kann. Kausal hierfür sollte jedoch nicht erst eine unzureichende Zielkostenerreichung sein, sondern die Gewissheit, dass jede Erhebung mit Fehlerquellen verbunden ist. Folglich können auch im Rahmen der Zielkostenermittlung Inkorrektheiten auftreten.[318] Unter Umständen können unzutreffende Informationen über die Wichtigkeit einzelner Funktionen vorliegen, die in der Folge zu falschen Kostenzuteilungen auf die Produktkomponenten führen. Ein Fehler wäre nach Seidenschwarz, die zur Verfügung stehenden Ressourcen auf Kundenwunsch zu 90% auf die Innenausstattung eines Autos zu übertragen.[319] Es besteht daher die Notwendigkeit, die Ergebnisse der Zielkostenspaltung auch bei noch so gewissenhafter wertanalytischer Unterstützung durch den Einsatz geeigneter Instrumente zu untermauern. Als Anhaltspunkte können beispielsweise Referenzmodelle führender Mitbewerber herangezogen werden. Der Vergleich beschränkt sich dabei im allgemeinen auf einzelne Komponenten der Mitbewerber, die an dieser Stelle jedoch die kostenorientierte Umsetzung der am Markt geforderten Funktionen in mustergültiger Weise gelöst haben.[320] Mit einer konkurrenzbezogenen Analyse dieser Art ist der Anstoß für Benchmarking gegeben.[321]

„Benchmarking ist ein kontinuierlicher Prozess, bei dem Produkte, Dienstleistungen und insbesondere Prozesse und Methoden betrieblicher Funktionen über mehrere Unternehmen hinweg verglichen werden."[322] Dabei sollte sich die Untersuchung,

---

[318] Vgl. Weis, H. C.: Marketing. a.a.O., S. 106.

[319] Vgl. Seidenschwarz, W.: Target Costing - Marktorientiertes Zielkostenmanagement, a.a.O., S. 219.

[320] Vgl. ebenda, S. 220.

[321] Vgl. Jakob, F.: Target Costing im Anlagenbau - Das Beispiel der LTG Lufttechnische GmbH. In: Horváth, P. [Hrsg.]: Target Costing., a.a.O., S. 185.

[322] Herter, R. / Horváth, P.: Benchmarking - Vergleich mit den Besten der Besten. In: Controlling (1992), Heft 1, S. 5.

wenn möglich, auf Unternehmen der gleichen Branche beschränken, um nutzbringende Hinweise für Verbesserungen zu erhalten.[323] Ziel des Benchmarking ist es, den weltweit Klassenbesten zu identifizieren und darüber hinaus die aufgezeigte Lücke zwischen dem eigenen und dem besten Angebot zu bestimmen. Damit die aufgezeigte Lücke geschlossen werden kann, wird die Nutzung der industriellen Praktiken des Klassenbesten empfohlen.[324]

Ohne näher auf die Besonderheiten und verschiedenen Ausprägungen des Benchmarking, die sich grundsätzlich in „internes", „wettbewerbsorientiertes" und „funktionales Benchmarking" unterscheiden lassen, einzugehen, sei darauf hingewiesen, dass der Einsatz dieses Instrumentes nur bei einer kontinuierlichen Anwendung zum Erfolg führt.[325] Insoweit lassen sich auch nur unter Berücksichtigung dieser Prämisse relativ schnell und zuverlässig Kostenvergleichswerte für einzelne Produktkomponenten zur Verfügung stellen und eigene Zielkostenwerte an diesen Vorgaben messen. Vergleiche, die ad hoc durchgeführt werden, bedingen einen weitaus höheren Aufwand. Daher ist einem präventiv durchgeführten Benchmarking der Vorzug vor einem erst durch Zielkostenmanagement-Werte initiierten, reaktivem Vorgehen zu geben.[326]

Hat die Überprüfung der Ergebnisse, möglicherweise unter Zuhilfenahme des Benchmarking, eine Lücke zwischen den Erlaubten Kosten und den Standardkosten aufgezeigt und kann diese durch die regelmäßige Wiederholung der Schritte der Zielkostenspaltung nicht geschlossen werden, sieht der Zielkostenmanagement-Prozess die Anwendung weiterer Konzepte vor, die die gesetzten Ziele inhaltlich sichern und die entstehenden Kosten senken. Hierzu gehören, in Anlehnung an die

---

[323] Diese Aussage wird insoweit relativiert, dass nach Camp die Branche „ziemlich großzügig" definiert werden sollte, damit das Risiko technischer Durchbrüche im Branchenumfeld zu Übersehen vermieden wird. Vgl. Camp, R. C.: Benchmarking, München, Wien 1994, S. 76.

[324] Vgl. Herter, R. / Horváth, P.: Benchmarking - Vergleich mit den Besten der Besten, a.a.O., S. 9.

[325] Vgl. Pieske, R.: Benchmarking - Das Lernen von anderen und seine Begrenzungen. In: iO Management Zeitschrift (1994), Heft 6, S. 20.

[326] Vgl. Buggert, W. / Wielpütz, A.: Target Costing - Grundlagen und Umsetzung des Zielkostenmanagements, a.a.O., S. 99; vgl. weiter: Pieske, R.: Benchmarking - Lernen von den Besten. In: VDI-Z (1995), Heft 1/2, S. 83.

von Sakurai und Keating vorgenommene Dreiteilung eines umfassenden neuzeitlichen Kostenmanagements, folgende unterstützende Ansätze:[327]

1) Kosten- und Qualitätsmanagement der frühen Phasen,
2) Analyse und Bewertung von Prozessfunktionen,
3) Unternehmensinterne und -übergreifende organisatorische Maßnahmen.

Als integrierter Ansatz stellt das Zielkostenmanagement damit in jeder Phase des Produktlebenszyklus adäquate Mittel zur Verfügung, die in der Lage sind, die Produktkosten entsprechend den Marktbedingungen zu reduzieren und zu steuern. Der Intention dieser Arbeit folgend, die wertanalytischen Aspekte des Zielkostenmanagements besonders zu berücksichtigen, gilt die Aufmerksamkeit insbesondere denjenigen Verfahren, die hierfür eine wichtige Informations- bzw. Koordinationsfunktion übernehmen.

5.1.1 Kosten und Qualitätsmanagement der frühen Phasen

Die technische Umsetzung von Marktanforderungen im Unternehmen ist eine der kritischen Aufgaben im Prozess der Produktentstehung. Aus diesem Grunde werden für eine zielgerichtete Umsetzung Instrumentarien und Verfahren benötigt, die in der Lage sind, die Kundenanforderungen zu identifizieren und in quantitative Vorgaben für alle am Produktentstehungsprozess beteiligten Unternehmensbereiche umzusetzen. Die Methode „Quality Function Deployment", die bereits an anderer Stelle genannt wurde,[328] bietet hier einen Ansatzpunkt zur Abgrenzung der vom Kunden gewünschten Produktmerkmale. Mit Hilfe der konstruktionsbegleitenden Kalkulation[329] ist es zudem möglich, die Kundenanforderungen frühzeitig und unter Berücksichtigung von Kostenaspekten auf ihre technische Umsetzung hin zu überprüfen. Beide Verfahren stellen eine weitere wichtige Ergänzung des Zielkostenmanagements dar, da der Grad der Qualität sowie die Art der konstruktiven Lösung die

[327] Vgl. Sakurai, M. / Keating, P. J.: Target Costing und Aktivity-Based Costing, a.a.O., S. 86; vgl. in diesem Zusammenhang auch: Horváth, P. / Niemand, S. / Wolbold, M.: Target Costing - State of the Art. In: Horváth, P. [Hrsg.]: Target Costing, a.a.O., S. 16.

[328] Siehe Abschnitt 3.2.1 „Identifikation zielgruppenbezogener Anforderungen".

[329] In Anlehnung an Gleich soll die konstruktionsbegleitende Konstruktion in dieser Arbeit als ein sehr umfassendes „Kostenforecheking" verstanden werden. Vgl. Gleich, R.: Kostenforechecking. In: Controlling (1994), Heft 1, S. 48-50.

Kosten des Produkts nicht nur situativ, sondern über den gesamten Produktlebenszyklus hinweg beeinflussen.

5.1.1.1 Quality Function Deployment

Wie festgehalten werden konnte, erlaubt es das Quality Function Deployment, die Kundenanforderungen im Vorfeld der Produktentwicklung zu identifizieren[330] und in quantitative Vorgaben für alle am Produktentstehungsprozess beteiligten Unternehmensbereiche umzusetzen.[331] Es gilt indes zu Bedenken, dass QFD kein Werkzeug ist, welches beim Feststellen einer den Zielkostenbereich überschreitenden Positionierung zum Einsatz kommt. Vielmehr stellt QFD, ebenso wie die Wertanalyse, ein den Zielkostenmanagement-Prozess begleitendes Verfahren dar, welches u.a. die Absicht verfolgt, die Ziele und Prioritäten der anderen Teammitglieder besser verstehen zu können.[332] Insofern liegt bei Beachtung rein kostensenkender Aspekte das Hauptaugenmerk von QFD auf einer gesteigerten Kostentransparenz, welche das Erreichen von Kostenzielen insofern „nur“ unterstützt.[333] Im weiteren Verlauf soll die Methode des QFD, die sich in vier Phasen untergliedert, kurz skizziert werden.[334]

1. Qualitätsplanung des Produktes

Die Marketingforschung liefert im Zuge der Erhebung die vom Kunden gewünschten Produktmerkmale,[335] die dann in lösungsneutrale technische Merkmale transferiert werden.[336]

---

[330] Vgl. Jansen, H.: Lean Production in der mittelständischen Industrie, Berlin u.a. 1993, S. 21.

[331] Vgl. Specht, G. / Schmelzer, H.: Qualitätsmanagement in der Produktentwicklung, Stuttgart 1991, S. 5 ff.

[332] Vgl. Hauser, J. R. / Clausing, D.: Wenn die Stimme des Kunden bis in die Produktion vordringen soll. In: Harvard Manager (1988), Heft 4, S. 69.

[333] Vgl. Buggert, W / Wielpütz, A.: Target Costing - Grundlagen und Umsetzung des Zielkostenmanagements, a.a.O., S. 116.

[334] Für eine detaillierte Beschreibung der Methodik wird auf die nachfolgende Literatur verwiesen: Vgl. Schöler, H. R.: Kundenorientierte Produktentwicklung - Präventive Qualitätssicherung mit Quality Function Deployment (QFD). In: Verein Deutscher Ingenieure [Hrsg.]: VDI Berichte Nr. 1000 - Mikroelektronik im Maschinen- und Anlagenbau, Methoden, Komponenten, Lösungen, Düsseldorf 1992, S. 237-248; vgl. weiter: Pfeifer, T.: Qualitätsmanagement - Strategien, Methoden, Techniken, München, Wien 1993, S. 38-45.

[335] Vgl. Fischer, T. M.: Kostenmanagement Strategischer Erfolgsfaktoren - Instrumente zur operativen Steuerung der Strategischen Schlüsselfaktoren Qualität, Flexibilität und Schnelligkeit, München 1993, S. 116.

2. Komponentenentwicklung

Umgesetzt in Komponenten müssen diese nun unter Beachtung der vom Kunden gewünschten Qualitätsansprüche technisch realisiert werden. Dies führt, je nach Grad der Optimierung, zu werterhöhenden, wertmindernden oder wertneutralen Prozessen.[337] Unter Angabe von quantifizierbaren Messkriterien, wie Spannleistung in Stück pro Minute oder Gewicht in Kilogramm, erfolgt die Umsetzung dieser Prozesse in technische Merkmale.[338]

3. Angleichen der Prozessmerkmale mittels einer Beziehungsmatrix

In einer „Was / Wie - Matrix"[339] wird systematisch untersucht, wie stark jede technische Anforderung die Qualitätswünsche der Kunden beeinflusst. Möglicherweise stehen dabei einzelne Qualitätsanforderungen in einem Zielkonflikt.[340] Diesen gilt es mittels einer Merkmalskombination, die dem Kundenideal am nächsten kommt, zu lösen. Ziel dieser Phase ist es, Interdependenzen zwischen den technischen Merkmalen offen zu legen und Lösungsansätze, die nicht zu einer kundenoptimalen Lösung führen, zu eliminieren.

4. Festlegung der Konstruktionsmerkmale

Unter Beachtung der Zielsetzung, die Gesamtqualität zu verbessern, werden in diesem Schritt die bestehenden Wechselwirkungen zwischen den Merkmalsgruppen systematisch überprüft und die vorliegenden Konstruktionsmerkmale an die Kundenwünsche angepasst.[341] Nach Fixierung der Konstruktionsmerkmale lassen sich

---

[336] Vgl. Schöler, H. R.: Kundenorientierte Produktentwicklung - Präventive Qualitätssicherung mit Quality Function Deployment (QFD). In: Verein Deutscher Ingenieure [Hrsg.]: VDI Berichte Nr. 1000 - Mikroelektronik im Maschinen- und Anlagenbau, Methoden, Komponenten, Lösungen, a.a.O., S. 241.

[337] Vgl. Fischer, T. M. / Schmitz, J.: Marktorientierte Kosten- und Qualitätsziele gleichzeitig erreichen, in: iO Management Zeitschrift (1994), Heft 10, S. 64.

[338] Vgl. Fischer, T. M.: Kostenmanagement Strategischer Erfolgsfaktoren - Instrumente zur operativen Steuerung der Strategischen Schlüsselfaktoren Qualität, Flexibilität und Schnelligkeit, a.a.O., S. 116.

[339] Vgl. Jansen, H.: Lean Production in der mittelständischen Industrie, a.a.O., S. 21.

[340] Vgl. Fischer, T. M. / Schmitz, J.: Marktorientierte Kosten- und Qualitätsziele gleichzeitig erreichen, a.a.O., S. 65.

[341] Vgl. Fischer, T. M.: Kostenmanagement Strategischer Erfolgsfaktoren - Instrumente zur operativen Steuerung der Strategischen Schlüsselfaktoren Qualität, Flexibilität und Schnelligkeit, a.a.O., S. 117.

Aussagen über zu verwendende Komponenten, den Ablauf der zukünftigen Fertigung und weiterführende Qualitätssicherungsmaßnahmen machen.[342]

Wichtig beim QFD ist, dass die optimale Lösungssuche durch interdisziplinäre Teams erfolgt. Nur so lassen sich „beachtliche Synergieeffekte“ erzielen,[343] welche sich positiv auf die Entwicklungszeit und damit auch auf die Entwicklungskosten auswirken. Durch graphische Darstellung der komplexen Zusammenhänge in einer Matrix, die wegen ihrer typischen Form „House of Quality“ genannt wird, ist es möglich, frühzeitig kritische Merkmale zu erkennen und bei der Produktentwicklung besonders zu beachten.[344]

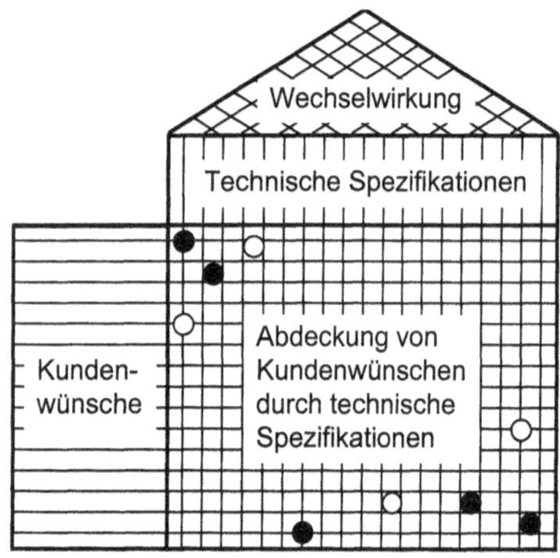

Abb. 23: House of Quality.
Quelle: Danzer, 1990, S. 47.

---

[342] Vgl. ebenda, S. 117.

[343] Vgl. Brunner, F. J.: Produktplanung mit Quality Function Deployment QFD. In: iO Management Zeitschrift (1992), Heft 6, S. 42.

[344] Vgl. Schöler, H. R.: Total Value Deployment - Nahtstelle Marketing-Entwicklung erfolgreich managen. In: VDI-GSP Fachtagung am 29./30. Juni 1995 in Düsseldorf, Düsseldorf 1995, S. 9; vgl. zudem: Specht, G. / Schmelzer, H.: Qualitätsmanagement in der Produktentwicklung, a.a.O., S. 17.

5.1.1.2 Konstruktionsbegleitende Kalkulation

Eine unumstritten kostensenkende Wirkung wird der Anwendung der konstruktionsbegleitenden Kalkulation zugesprochen.[345] Sie ermöglicht es, die funktionsorientierten Vorgaben, die aus der wertanalytischen Untersuchung hervorgehen, einer Kostenanalyse zu unterziehen und verhindert damit Fehlentwicklungen im Hinblick auf die Erlaubten Kosten. Hierfür ist es jedoch erforderlich, den Konstrukteuren frühzeitig solche Kosteninformationen zur Verfügung zu stellen, die ihr Handeln transparent machen und dadurch zielkostenadäquate Verhaltensweisen unterstützen. Es ist also notwendig, den technischen Prozess mit dem betriebswirtschaftlichen Prozess durch frühst mögliche Rückkopplungen zu verbinden, um das geforderte Kostenbewusstsein bei den Mitarbeitern in den Entwicklungs- und Konstruktionsabteilungen zu schaffen.[346]

In der Praxis stößt die Anwendung einer frühzeitigen konstruktionsbegleitenden Kalkulation bisweilen auf eine nur geringe Akzeptanz.[347] Als Ursache hierfür wird der Umstand angeführt, dass in den frühen Phasen zwar die größten Kostensenkungspotentiale liegen, zu diesem Zeitpunkt aber nur ungenaue Kostenaussagen möglich sind.[348] Um eine Entscheidung für oder gegen eine Produktentwicklung zu treffen, sind jedoch keine exakten Kostendaten erforderlich. Vielmehr reichen Kostenschätzungen, bei denen einzig die Bedingung erfüllt sein muss, dass die Kalkulationsungenauigkeit geringer ist als die Kostendifferenz zwischen den Konstruktionsalternativen.[349]

Bei den Methoden, die den Konstruktionsprozess begleiten, lassen sich qualitative und quantitative Verfahren unterscheiden. Qualitative Verfahren nutzen heuristische Regeln, Gut-Schlecht-Beispiele etc.[350] Da diese Methoden meist nur zur Abschätzung von Lösungsvarianten angewandt werden und für technisch-wirtschaftliche

---

[345] Vgl. ebenda, S. 50.

[346] Vgl. Becker, J.: Konstruktionsbegleitende Kalkulation als CIM-Baustein. In: Männel, W. [Hrsg.], Handbuch Kostenrechnung, a.a.O., S. 552.

[347] Vgl. Buggert, W / Wielpütz, A.: Target Costing - Grundlagen und Umsetzung des Zielkostenmanagements, a.a.O., S. 119

[348] Vgl. ebenda, S. 119.

[349] Vgl. Ehrlenspiel, K.: Kostengünstig konstruieren, Berlin, Heidelberg 1985, S. 58 und 274.

[350] Vgl. Gleich, R.: Kostenforechecking, a.a.O., S. 48.

Entscheidungsprozesse keinen Aussagewert haben, finden sie im weiteren Verlauf der Arbeit keine Beachtung.

Quantitative Verfahren unterteilen sich weiter in pauschale und analytische Kostenberechnungsverfahren. Pauschale Verfahren versuchen die Kosten ohne Berücksichtigung technischer Details- direkt über einen, beziehungsweise wenige konstruktive Parameter zu bestimmen.[351] Im einfachsten Fall werden hierbei pauschale Näherungsverfahren genutzt, wie etwa die Kilokostenmethode, welche historische Kostenwerte in Form von Kennzahlen ausdrückt.[352] Bei Ähnlichkeitsvergleichen werden Kosteninformationen bereits durchgeführter Produkt- oder Baugruppenkonstruktionen auf die neue Produktkonstruktion übertragen.[353] Sind Merkmale wie: Werkstückgeometrie, Werkstoffart, Abmessungen etc. bekannt, lässt sich die Kostenstruktur für die Herstellung von Produktteilen leicht ermitteln. Eine Erleichterung bietet hier der Einsatz EDV-gestützter Datenbankmodelle, durch die ähnliche, schon berechnete Teile aufgerufen und modifiziert werden können.[354]

Analytische Verfahren beziehen sich direkt auf die vorhandenen Geometriedaten der zu entwickelnden Produkte die, wie beschrieben, nur als unscharfe Größen vorliegen müssen.[355] Durch Anwendung der Korrelationsrechnung wird versucht, eine Abhängigkeit zwischen den Produktfunktionen und den Produktkosten herzustellen und diese durch Aufstellen einer Kostenfunktion in der Kalkulation zu berücksichtigen.[356]

Ein wichtiges Instrument zur Unterstützung einer planungssimultanen Kalkulation sind sogenannte Cost Tables. Mit diesen auch Kostentabelau genannten Tabellen werden dem Konstrukteur DV-gestützt die in der Vergangenheit gesammelten und

---

[351] Vgl. Link, H.-D. / Niemand, S. / Schell, J.: Die entwicklungsbegleitende Kalkulation als Unterstützung eines Target Costing Gesamtkonzeptes für die Schuhindustrie. In: Controlling (1994), Heft 6, S. 349.

[352] Vgl. Männel, W.: Anpassung der Kostenrechnung an moderne Unternehmensstrukturen. In: Männel, W. [Hrsg.]: Handbuch Kostenrechnung, Wiesbaden, 1992, S. 130.

[353] Vgl. Gleich, R.: Kostenforechecking, a.a.O., S. 48.

[354] Vgl. Jakob, F.: Target Costing im Anlagenbau - Das Beispiel der LTG Lufttechnische GmbH. In: Horváth, P. [Hrsg.]: Target Costing., a.a.O., S. 185; vgl. weiter: Tönshoff, H. K. / Aurich, J. C.: Rechnerunterstützte Konstruktion funktionaler Freiformflächen mit Technischen Elementen, a.a.O., S. 50-51.

[355] Siehe Abschnitt 3.3.1 „Market into Company".

[356] Vgl. Männel, W.: Anpassung der Kostenrechnung an moderne Unternehmensstrukturen. In: Männel, W. [Hrsg.]: Handbuch Kostenrechnung, a.a.O., S. 130.

ausgewerteten Kosteninformationen zur Verfügung gestellt.[357] Dadurch wird es möglich, verschiedene konstruktive Alternativen hinsichtlich differenter Materialien, Fertigungsverfahren, Produktteile etc. zeitnah zu simulieren und auf ihre kostenrelevanten Wirkungen zu untersuchen.[358]

Es wird deutlich, dass die Basis einer effizienten konstruktionsbegleitenden Kalkulation in der Möglichkeit liegt, auf eine Fülle von Daten Zugriff zu haben. Diesem Anspruch kann ein integriertes Informationssystem, in welchem Informationen aus betriebswirtschaftlichen und technischen Bereichen zusammenfließen in besonderer Weise gerecht werden.[359] Damit wird die Nutzung der EDV-technischen Unterstützung zu einer echten Forderung, um die Durchlaufzeiten der Planung und insofern auch die Kosten der Produktentstehung reduzieren zu können.[360]

5.1.2 Analyse und Bewertung von Prozessen

Neben der bis jetzt vornehmlich produktbezogenen Kostenkorrektur ist es auch erforderlich, die mit der Produktentstehung verbundenen Prozesse zu optimieren. Notwendig ist, dass der Verbesserungs- bzw. Kostensenkungsprozess kontinuierlich erfolgt und die bereits angesprochene typisch sequentielle Vorgehensweise der Produktentwicklung durch einen überlappenden Ablauf ersetzt wird.[361] Bezogen auf die Zielkostenerreichung fallen diesbezüglich immer wieder die Begriffe: Simultaneous Engineering und Kaizen Costing.[362]

5.1.2.1 Simultaneous Engineering

Betrachtet man im Rahmen des ganzheitlichen Zielkostenmanagement-Prozesses den geplanten Markteintrittszeitpunkt, kommt dem Faktor Zeit eine besondere Bedeutung zu, da ein verspäteter Markteintritt zu erheblichen Gewinneinbußen

---

[357] Vgl. Buggert, W. / Wielpütz, A.: Target Costing - Grundlagen und Umsetzung des Zielkostenmanagements, a.a.O., S. 122-123.

[358] Vgl. Gleich, R.: Kostenforechecking, a.a.O., S. 49; in Verbindung mit: Seidenschwarz, W. Target Costing - Verbindliche Umsetzung marktorientierter Strategien, a.a.O., S. 196.

[359] Betriebswirtschaftliche Bereiche nutzen z.B.: PPS-Systeme, Kostenrechnung, MRP, MIS, PIS, u.s.w. Die technischen Bereichen nutzen unter anderem: CAD, CAP, CAM, CAQ, CAE, CNC, CIM u.s.w. Vgl. hierzu: Scheer, A.-W.: Wirtschaftsinformatik, a.a.O., S. 87.

[360] Vgl. Becker, J.: Konstruktionsbegleitende Kalkulation als CIM-Baustein, a.a.O., S. 562.

[361] Vgl. Abschnitt 1.1.2 „Probleme bestehender Kostenplanungssysteme".

[362] Vgl. Buggert, W. / Wielpütz, A.: Target Costing - Grundlagen und Umsetzung des Zielkostenmanagements, a.a.O., S. 103-106 und S. 136-138.

führt.[363] Übertragen auf die in diesem Abschnitt im Vordergrund stehende Kostenbetrachtung werden hier die Opportunitätskosten angesprochen.[364] Damit alle vorhandenen Potentiale des Unternehmens erschlossen werden können, ist ein Instrumentarium notwendig, welches in der Lage ist, unter der Leitlinie der Prozessorientierung, die der Produktentwicklung zugrundeliegenden Aufgaben und Abläufe zielführend zu strukturieren und zu optimieren.[365] Dieser gestellten Aufgabe kann das Simultaneous Engineering gerecht werden, das von Gerpott wie folgt definiert wird:

„Simultaneous Engineering bezeichnet allgemein eine Vorgehensstrategie zur Strukturierung und Koordination eines Entwicklungsvorhabens durch Zerlegung in vollständige oder z.T. unabhängige technologische Teilaufgaben dergestalt, dass möglichst viele Entwicklungsschritte zeitlich parallel oder überlappend bearbeitet werden können, um eine Verkürzung der Zeitspanne von der Produktentwicklung bis zur Markteinführung zu erreichen."[366]

In diesem Sinne ermöglicht Simultaneous Engineering eine frühzeitige Einbindung aller am Produktentstehungsprozess beteiligten Bereiche. Das Produkt und die erforderlichen Produktionsmittel entstehen nicht mehr sequentiell sondern im Wege einer gleichzeitigen Planung. Auf diese Weise können nicht nur die Entwicklungszeiten verkürzt und hierdurch determiniert die Entwicklungskosten gesenkt, sondern zudem auch die Produktqualität verbessert werden.[367] Sicherlich wird durch eine parallele Produktentwicklung der allgemeine Planungsprozess verlängert, die Gesamtzeit wird jedoch durch die positiven Koordinationseffekte der Vorabplanung verkürzt.[368] Außerdem entstehen durch die alternierende Beeinflussung aller am

---

363 Vgl. ebenda, S. 104-106.

364 Vgl. zur Begriffsbestimmung der Oppertunitätskosten: Wöhe, G.: Einführung in die Allgemeine Betriebswirtschaftslehre, a.a.O., S. 790.

365 Vgl. Eversheim, W. / Bochtler, W. / Gräßler, R. / Laufenberg, L.: Simultaneous Engineering auf Basis prozessorientierter Strukturmodelle - Methoden und Modelle zur integrierten Produkt- und Prozessgestaltung. In: Management & Computer (1994), Heft 3, S. 165.

366 Gerpott, T. J.: Simultaneous-Engineering. In: Die Betriebswirtschaft (1990), Heft 3, S. 399.

367 Vgl. Steinmetz, O.: Die Strategie der Integrierten Produktentwicklung - Softwaretechnik und Organisationsmethoden zur Optimierung der Produktentwicklung im Unternehmen, Braunschweig, Wiesbaden 1993, S. 47.

368 Vgl. Seidenschwarz, W.: Target Costing - Marktorientiertes Zielkostenmanagement, a.a.O., S. 230; Anmerkung des Verfassers: Unter der Dauer des allgemeinen Planungsprozesses wird die Zeitsumme über alle Teilpläne verstanden.

Produktentstehungsprozess beteiligten Teilbereiche ausgereiftere und damit qualitativ hochwertigere Produkte, die in der Folge einem wesentlich geringeren Änderungsbedarf unterliegen.[369] Um alle, möglicherweise durch Simultaneous Engineering verbundenen Bereiche einer fortgesetzten Kostenreduktion zu unterziehen, bietet sich das Kaizen-Costing an.

5.1.2.2 Kaizen-Costing

Kaizen-Costing, ein Teilbereich des Kaizen-Managements, beabsichtigt durch inkrementale und kontinuierliche Kostensenkung eine immer weiter fortschreitende Minimierung der gegenwärtigen Kostensituation.[370] Der vornehmliche Einsatzzweck liegt demnach in einer dauerhaften, den Produktlebenszyklus begleitenden Anwendung. Zielsetzung ist es, bestehende Prozesse durch kurzfristig durchzuführende Mengenvergleiche zu analysieren und weiterzuentwickeln.[371] Kaizen-Costing ist daher ein Konzept zur dynamischen Kostenreduktion, welches Unternehmensprozesse in kleinen Schritten einem Kostenoptimum entgegenführt.[372]

5.1.2.3 Prozesskostenrechnung

Damit insbesondere diejenigen Abläufe verbessert werden, die als sogenannte Kostentreiber gelten, wird die Prozesskostenrechung[373] eingesetzt. Die Prozesskostenrechnung ermöglicht, entsprechend der Ausrichtung des Zielkostenmanage-

---

[369] Vgl. ebenda, S. 230.

[370] Vgl. Horváth, P. / Seidenschwarz, W.: Von Genka Kikaku bis Kaizen, a.a.O., S. 16.

[371] Nach Buggert werden Mengenvergleiche wie etwa: Durchlaufzeiten, Rüstzeiten, Ausschußquoten als Grundlage der Leistungsmessung gewählt, da sich Mengenvergleiche leichter messen lassen und besser nachzuvollziehen sind, als die traditionell wertbezogenen Kennzahlen. Vgl. Buggert, W / Wielpütz, A.: Target Costing - Grundlagen und Umsetzung des Zielkostenmanagements, a.a.O., S. 138.

[372] Vgl. Imai, M.: Kaizen - Der Schlüssel zum Erfolg der Japaner im Wettbewerb, a.a.O., S. 74-75.

[373] Der Bezug zu den in diesem Abschnitt betrachteten wertanalytischen Aspekt kann durch das Verfahren der Gemeinkostenwertanalyse hergestellt werden, dieses Instrument besitzt eine ähnliche, vier Schritte umfassende Systematik, wie die Wertanalyse nach DIN 69910. Die Prozesskostenrechnung gilt durch ihre Kontinuität als eine Weiterentwicklung dieses Verfahrens. Vgl. Roever, M.: Gemeinkostenwertanalyse - Erfolgreiche Antwort auf die Gemeinkosten-Problematik. In: ZfB (1980), Heft 6, S. 686-690. Zudem wird auf eine ausführliche Beschreibung des Aufbaus und der Funktionsweisen der Prozesskostenrechnung im Rahmen der vorliegenden Schrift verzichtet. Hier wird u.a. auf folgende Schriften verwiesen: Vgl. Horváth, P. / Mayer, R.: Prozesskostenrechnung - Der neue Weg zu mehr Kostentransparenz und wirkungsvolleren Unternehmensstrategien. In: Controlling (1989), Heft 4, S. 214-219; vgl. Küting, K. / Lorson, P.: Überblick über die Prozesskostenrechnung - Stand, Entwicklungen und Grenzen. In: krp (1993), Sonderheft 2, S. 29-35; vgl. Franke, R. / Zerres, M.: Planungstechniken - Instrumente für zukunftsorientierte Unternehmensführung, a.a.O., S. 239-251.

ments, bereits in den frühen Phasen der Produktentwicklung die Einbeziehung der Gemeinkostenbereiche in die Zielkostenplanung und -spaltung.[374] Durch eine isolierte Betrachtung prozessbedingter Kosten kann geprüft werden, ob das vorgegebene Kostenniveau gehalten werden kann oder ob gemeinkostenreduzierende Maßnahmen zu ergreifen sind.[375] Dadurch, dass Kostentransparenz auch in die begleitenden Verfahren gebracht wird, lassen sich Grundsatzentscheidungen, die die Struktur des Neuproduktes betreffen, erleichtern. Erleichtert wird die Entscheidungssituation unter anderem dadurch, dass durch die Prozesskostenrechnung bereits während der Konstruktionsphase Informationen über die gesamte künftige Kostenbelastung zu Verfügung stehen.[376] Infolgedessen wird das Kostenbewusstsein der Konstrukteure gefördert und die produktbezogene Ressourceninanspruchnahme entgegen einer pauschalen Verrechnung mittels Zuschlagsätzen verursachungsgerecht abgebildet.[377]

Komplexe prozessintensive Produkte verursachen demnach mehr Gemeinkosten, als unter Einsatz von Normteilen modular hergestellte Produkte.[378] Unter diesem Gesichtspunkt finden auch solche Komponenten verstärkt Berücksichtigung, die bereits in Vorgängermodellen erfolgreich eingesetzt wurden. Die bereits angesprochene Gefahr einer „Selbstverwirklichung" der technologischen Bereiche, die sich in einem Trend zum Over-Engineering niederschlägt, kann vermieden werden. Zudem werden durch die umfassende Kostentransparenz, die mit dem Einsatz der Prozesskostenrechnung einhergeht, Hinweise auf die kostengünstigsten Produktionsverfahren gegeben und Entscheidungen in Richtung „Make or Buy" unterstützt.[379]

---

[374] Vgl. Buggert, W / Wielpütz, A.: Target Costing - Grundlagen und Umsetzung des Zielkostenmanagements, a.a.O., S. 130.

[375] Vgl. Horváth, P. / Niemand, S. / Wolbold, M.: Target Costing - State of the Art. In: Horváth, P. [Hrsg.]: Target Costing, a.a.O., S. 19.

[376] Vgl. ebenda, S. 19.

[377] Vgl. Franke, R. / Zerres, M.: Planungstechniken - Instrumente für zukunftsorientierte Unternehmensführung, a.a.O., S. 240.

[378] Vgl. Franz, K. P.: Target Costing - Die Prozesskostenrechnung im Vergleich mit der Grenzplankosten- und Deckungsbeitragsrechnung. In: Horváth, P. [Hrsg.]: Strategieunterstützung durch das Controlling: Revolution im Rechnungswesen?, a.a.O., S. 199; vgl. weiter: Cervellini, U.: Marktorientiertes Gemeinkostenmanagement mit Hilfe der Prozesskostenrechnung - Ein Erfahrungsbericht, a.a.O., S. 67-69.

[379] Vgl. Coenenberg, A. G. / Fischer, T. M.: Prozesskostenrechnung: Relevance Regained? - Anmerkungen zum State-of-the-Art und Entwicklungstendenzen. In: Controlling (1994), Sonderheft 1, S. 6.

5.1.3 Unternehmensinterne und unternehmensübergreifende Maßnahmen

Neben der bereits in Abschnitt 2.5 gestellten Forderung, eine schlanke Aufbauorganisation als Grundlage eines effektiven Zielkostenmanagements zu schaffen, lassen sich auch auf ablauforganisatorischer Ebene zielkostenkorrigierende Effekte erzielen.[380] So finden zum Beispiel in der Produktionsphase Konzepte wie „Just in Time" oder „Kanban" Anwendung.[381] Beide Konzepte zielen darauf ab, die Komponenten produktionssynchron anzuliefern und dadurch Einsparungen im Rahmen des Abbaus von Beständen zu erzielen. Da es sich bei beiden Konzepten nur um ergänzende, den Materialfluss optimierende Maßnahmen handelt, die ihre Stärken zudem nur bei bestimmten Fertigungsverfahren ausspielen können, wird diesen Verfahren im folgenden keine weitere Aufmerksamkeit gewi€et.[382]

Vielmehr stehen präventive, unternehmensübergreifende organisatorische Kostensenkungsmaßnahmen im Vordergrund, die der ganzheitlichen Sichtweise des Zielkostenmanagements entsprechen. Einen entscheidenden Beitrag kann in diesem Zusammenhang die rechtzeitige partnerschaftliche Integration wichtiger Zulieferer leisten, da hierdurch eine die Wettbewerbsfähigkeit sichernde Konzentration auf Kernkompetenzen erreichbar ist.[383] Durch diese Integration lassen sich die Produktions- und Beschaffungskosten minimieren. Notwendig ist, dass bei Fragen, die das Zulieferermanagement betreffen, nicht kurzfristige engpassbedingte „Make or Buy" Überlegungen im Vordergrund stehen, sondern dass dem Zulieferermanagement eine strategische Dimension zukommt, bei der auch Erfahrungskurveneffekte, die Attraktivität des Marktsegments und Fragen der Ressourcenstärke, mit in die Überlegungen einfließen.[384]

---

[380] Anmerkung des Verfassers: Das beschriebene Simultaneous Engineering, gehört ebenso zu einem der elementaren Instrumente zur Optimierung interner organisatorischer Einheiten. Um den Rahmen der vorliegenden Schrift jedoch nicht zu sprengen, wird an dieser Stelle auf die Literatur verwiesen. Vgl. beispielsweise: Steinmetz, O.: Die Strategie der Integrierten Produktentwicklung - Softwaretechnik und Organisationsmethoden zur Optimierung der Produktentwicklung im Unternehmen, a.a.O., S. 46-47.

[381] Vgl. Horváth, P. / Niemand, S. / Wolbold, M.: Target Costing - State of the Art. In: Horváth, P. [Hrsg.]: Target Costing, a.a.O., S. 20.

[382] Vgl. Karmarkar, U.: Just-in-Time, Kanban oder was?. In: Harvard Manager (1990), Heft 3, S. 88-89.

[383] Vgl. Seidenschwarz, W. / Niemand, S.: Zuliefererintegration im marktorientierten Zielkostenmanagement. In: Controlling (1994), Heft 5, S. 263.

[384] Vgl. Daum, M. / Piepel, U.: Lean Production - Philosophie und Realität, a.a.O., S. 43.

Nur durch die oben beschriebene ganzheitliche strategische Sichtweise ist es möglich, sich bereits in frühen Phasen der Produktenstehung auf die eigenen Stärken zu konzentrieren und die Stärken der Lieferanten gezielt zu nutzen.[385] Damit die Fähigkeiten der Zulieferer erkannt und in der Folge auch genutzt werden können, ist notwendig, die Lieferanten einer leistungsorientierten Selektion zu unterziehen und die Anzahl der Zulieferer zu verringern.[386]

Ein geeignetes Mittel zur Selektion ist die Bildung von Zuliefererhierarchien, innerhalb derer das Unternehmen mit ausgewählten Zulieferern der ersten Stufe zusammenarbeitet.[387] Durch dieses Vorgehen wird die Intention verfolgt, den Lieferanten keine fertigen Pläne mehr zu präsentieren, sondern gemeinsam Mittel und Wege zu finden, die es ermöglichen, die Kostenvorgabe zu erreichen.[388]

Unumstrittenes Bestreben bleibt es jedoch, solche Teile auf die Zulieferer zu verlagern, die nicht zum Kerngeschäft zählen und die bereits einen gewissen Marktstandard besitzen, da sich das Unternehmen ansonsten durch eben diese Leistung vom Wettbewerb abheben könnte. Darüber hinaus haben standardisierte Teile den Vorteil, dass sie, aufgrund ihrer Etabliertheit, gesichert mit Leistungsmerkmalen hinterlegbar sind und sich demzufolge die Produktmerkmale und Zielkosten gut bestimmen und überprüfen lassen. Nach Seidenschwarz wird damit die Ermittlung der Zielkosten zum „Handwerk".[389]

Es gilt aber zu bedenken, dass der Marktstandard nur dann annehmbar ist, wenn die dafür anfallenden Kosten im Rahmen der Zielkosten liegen und der von den Kunden geforderte Produktwert durch diesen „Standard" nicht in Frage gestellt ist. Diese Überlegung impliziert auch, dass, bei entsprechender Erhöhung des Kundennutzens durch ein Zulieferteil, ein höherer Preis als der gegenwärtige Markt-

---

[385] Vgl. Rommel, G.: Einfach Überlegen - Das Unternehmenskonzept, das die Schlanken schlank und die Schnellen schnell macht, Stuttgart 1993, S. 95.

[386] Vgl. ebenda, S. 95.

[387] Vgl. Pfeiffer, W. / Weiß, E.: Philosophie und Elemente des Lean Management. In: Corsten, H. / Will, T. [Hrsg.]: Lean Production, Stuttgart, u.a. 1993, S. 33.

[388] Vgl. Horváth, P. / Niemand, S. / Wolbold, M.: Target Costing - State of the Art. In: Horváth, P. [Hrsg.]: Target Costing, a.a.O., S. 20.

[389] Vgl. Seidenschwarz, W. / Niemand, S.: Zuliefererintegration im marktorientierten Zielkostenmanagement, a.a.O., S. 263.

standardpreis vereinbart werden kann.[390] Unter Zugrundelegung der Zielkostenmanagement-Anforderungen wird dabei häufig die selbständige Entwicklung ganzer Aggregate an die Zulieferer übertragen.[391]

Da der Zulieferer in diesem Fall seine Kostenstruktur transparent machen muss, ist eine dergestaltige Zusammenarbeit nur auf der Basis echten, beiderseitigen Vertrauens möglich.[392] Pfeiffer und Weiß schreiben demnach dieser Kooperation den „Charakter eines gegenseitig vernetzten Lernsystems"[393] zu.

Abschließend sei darauf hingewiesen, dass organisatorische Maßnahmen nur mittel- bis langfristig Wirkung zeigen. Aus diesem Grunde kann durch organisatorische Maßnahmen kurzfristig kein Beitrag zur Zielkostenerreichung erbracht werden.

---

[390] Vgl. ebenda, S. 263.

[391] Vgl. Daum, M. / Piepel, U.: Lean Production - Philosophie und Realität, a.a.O., S. 43.

[392] Vgl. Klinger, B. F.: Target Cost Management - Durch marktorientiertes Zielkostenmanagement können Automobilhersteller ihre Produktkosten senken, a.a.O., S. 206.

[393] Pfeiffer, W. / Weiß, E.: Philosophie und Elemente des Lean Management. In: Corsten, H. / Will, T. [Hrsg.]: Lean Production, a.a.O., S. 34.

6 Abschließende Betrachtung und Fazit

6.1 Abschließende Betrachtung

Der intensive Konkurrenzdruck auf den weitgehend gesättigten Märkten zwingt die Unternehmen dazu, ihre Produktpalette unter Qualitäts- und Kostenaspekten auf die Kundenbedürfnisse abzustimmen. In dieser Situation führt eine fortschreitende Diversifikation des Angebots vielfach zu over-engineerten Produkten, für die i.d.R. kein Markt vorhanden ist.

Ein weiteres Problem entsteht durch den Wettlauf der Innovationen auf den hart umkämpften Märkten der Hochtechnologiebranchen, der durch immer kürzer werdende Produktlebenszyklen geprägt ist. An dieser Stelle wirkt das in westlichen Unternehmen vorherrschend sequentielle Entwicklungsmanagement bezogen auf die Gesamtdauer der Produktentwicklung als eine Renitenz, dem sich auch die traditionelle Kostenrechnung und -planung angeschlossen hat. Die Folge dieser Entwicklung ist ein Stufenprozess, deren Kalkulationsbemühungen auf bereits festgelegten Produkt- und Prozessentwürfen basiert. So entsteht auf der Grundlage der bereits abgeschlossenen Phasen und Prozesse eine „Nachkalkulation", die die festgelegten Produktmerkmale der Vorstufe als unveränderliche Parameter akzeptiert. Änderungsmöglichkeiten in nachfolgenden Stufen sind nur begrenzt möglich und implizieren im allgemeinen einen beträchtlichen Einsatz von Zeit und Kosten.

Eine derartige Produktentwicklung verhält sich konträr zu der Forderung, schnell und marktorientiert Produkte zu entwerfen. Ferner ist mit dem sequentiellen Entwicklungsmanagement die Gefahr verbunden, unter Bezug auf die traditionellen Kostenrechnungs- und Kostenkontrollverfahren, die Standardkosten der gegenwärtigen Produktions- und Prozessstrukturen als unveränderliche Größe zu billigen und einen eventuell notwendigen Wandel der vorhandenen Technologien zu verkennen.

Ein Kostenmanagement der frühen Phasen, wie es das Zielkostenmanagement darstellt, kann den beschriebenen Problemen entgegenwirken, wenn es ganzheitlich und konsequent eingesetzt wird. Ausgehend von der Produktidee muss über den gesamten Produktlebenszyklus eine dynamische Sichtweise gelegt werden, die Kostensenkungsaktivitäten in allen Phasen unterstützt. Damit erhält die Kostensenkung eine strategische Dimension, die eine Abkehr von pressanten, reaktiven Maßnahmen falsch kalkulierter Produkte zu verhindern weis.[394]

Das Zielkostenmanagement versucht, ausgehend von den Anforderungen des Zielmarktes, ein Kostenziel zu definieren, das die Umsetzung des vom Kunden akzeptierten Preis-Leistungsverhältnisses in Produkte erlaubt und darüber hinaus eine angemessene Umsatzrendite sichert. Im Mittelpunkt dieses Zielfindungsprozesses steht die Conjoint-Analyse, die in der Lage ist, den Einfluss einzelner Produktfunktionen in Bezug auf die vom Kunden zu erwartende Gesamtpräferenz des Produkts transparent zu machen. Durch Identifikation zielgruppenbezogener Marktanforderungen liefert die Conjoint-Analyse die entscheidenden Orientierungspunkte, um die zur Verfügung stehenden Ressourcen so einsetzen zu können, wie dies dem Kundenwunsch entspricht. Mittels des Quality Function Deployment lassen sich diese Vorgaben quantifizieren und in entsprechende Vorgaben für die beteiligten Unternehmensbereiche umsetzen.

Zur Ableitung der Gesamtzielkosten wird in der Literatur insbesondere das Konzept „Market into Company" präferiert, bei dem die Zielkosten retrograd vom Marktpreis abzüglich des geplanten Gewinns festgelegt werden. Unter Berücksichtigung motivationaler Aspekte sollten bei großen Abweichungen die Zielkosten als Zwischenziel auf dem Weg zum Erreichen der Erlaubten Kosten angesetzt werden. Langfristiges Ziel sind jedoch die Erlaubten Kosten, die im Rahmen dieser Arbeit zwar nicht als „unerreichbar" eingestuft wurden, allerdings nur unter großen Anstrengungen und nur durch immer weiter fortschreitende Verbesserungen realisiert werden können.

Die Zielkostenspaltung für das Gesamtprodukt erfolgt unter Berücksichtigung der produktfunktionalen Vorgehensweise, wie sie im Rahmen der Wertanalyse bereits seit mehr als 25 Jahren bekannt ist. Bei der Analyse der Literatur entsteht oftmals der Eindruck, dass es sich beim Einsatz der Wertanalyse im Prozess des Zielkos-

---

[394] Die falsche Kalkulation wird hier nicht im Sinne fehlerhaft eingesetzter Kalkulationsverfahren verstanden, sondern im Sinne einer kundenfernen Produktentwicklung und einer Kalkulation, die sich nur auf einzelne Bereiche des Unternehmens bezieht. Notwendig ist, wie beschrieben eine Berücksichtigung des gesamten Lebenszyklusses sowie aller am Produktentstehungsprozess beteiligten Bereiche. In diesem Zusammenhang wird noch einmal die Forderung noch der Prozesskostenrechnung deutlich, die eine Möglichkeit zur Bewertung von Prozessen des Gemeinkostenbereichs in sich birgt.

tenmanagements ausschließlich um ein Werkzeug zur Kostensenkung handelt. Hier konnten die Ausführungen des Kapitels vier deutlich machen, dass die Wertanalyse mehr ist als ein Instrument, welches nur dann zur Anwendung kommt, wenn sich Schwierigkeiten bei der Zielkostenerreichung zeigen. Es wurde gezeigt, dass die Wertanalyse nicht reaktiv, das heißt nur im Bedarfsfall als Kostensenkungsinstrument eingesetzt wird, sondern den Zielkostenmanagement-Prozess als integratives Element begleitet, ohne welches das Zielkostenmanagement zu einem unvollständigen Werk abqualifiziert wird. Losgelöst von konkreten Produktelementen, die bis dato möglicherweise immer eingesetzt wurden, liefert die Wertanalyse eben diese funktionsorientierten Vorgaben, die in neue oft unkonventionelle Lösungen münden.

Bedingt durch ihre klar gegliederte Systematik, die in dem auf die menschlichen Eigenarten zugeschnittenen Wertanalyse-Arbeitsplan zum Ausdruck kommt, ist die Wertanalyse in der Lage, den Vorgang der Zielkostenspaltung zu konkretisieren und durch den Einsatz weiterer im Arbeitsplan aufgeführter Methoden zu ergänzen.

Damit liefert die Wertanalyse entscheidende Aspekte, die den Zielkostenmanagement-Prozess in den Phasen der Produktkonzeption bis hin zur Ausarbeitung konkreter Vorgaben für die Gestaltung von Komponenten und Bauteilen unterstützen. In ihrer Ausprägung als Wertverbesserung bietet sie über die Phasen der Neuproduktentwicklung hinaus die Möglichkeit zur kontinuierlichen Verbesserung bestehender Produkte. Auf diese Weise trägt sie dazu bei, die entwickelten Produkte stetig zu verbessern und, unter Bezug auf die identifizierten Kundenwünsche, kontinuierlich auf den Markt auszurichten.[395]

Mit beiden Konzepten, dem Zielkostenmanagement und der Wertanalyse, geht die Forderung einher, strenge hierarchische Unternehmensorganisationen in Richtung auf interdisziplinär ausgerichtete Strukturen zu verändern. Diese Evolution endet nicht bei der unternehmensinternen Integration aller am Produktentstehungsprozess beteiligten Bereiche, sondern wirkt über die Unternehmensgrenzen hinweg auch auf die Zulieferbetriebe, die als Partner erkannt und behandelt werden müssen.

---

[395] Die Verbesserung wird nicht nur in einer Überarbeitung der Funktionsstruktur gesehen, sondern auch in einer positiven Veränderung der Kostensituation.

Neben der Integration beteiligter Unternehmensbereiche und ausgewählter Zulieferbetriebe, muss auch die mit fortschreitender Präzisierung der Neuproduktentwicklung zunehmende Anzahl der im Zielkostenmanagement einzusetzenden Instrumente aufeinander abgestimmt werden. So ist es beispielsweise notwendig, die funktionsorientierten Vorgaben, die aus der wertanalytischen Untersuchung erwachsen, so früh wie möglich einer Kostenanalyse zu unterziehen, um Fehlentwicklungen im Hinblick auf die Erlaubten Kosten zu verhindern. Als Instrument bietet sich hier der Einsatz der konstruktionsbegleitenden Kalkulation an. Parallel dazu müssen die notwendigen Prozesse definiert und bewertet werden, um auch in diesem Bereich ein Kostenoptimum verwirklichen zu können.

Hier wird der koordinierende Charakter des Zielkostenmanagements deutlich. Ziel ist es, die entsprechenden Verfahren und Instrumente zeitgemäß zur Verfügung zu stellen und im Zuge einer parallelen Entwicklung alle Teilbereiche der Produktentwicklung unter der Maßgabe der Erlaubten Kosten aufeinander abzustimmen. In diesem Zusammenhang konnte das Simultaneous Engineering als wichtige Hilfe zur Strukturierung und Koordinierung technologisch unabhängiger Teilbereiche herausgestellt werden.

6.2 Fazit

Es konnte festgehalten werden, das Zielkostenmanagement ein ganzheitliches Konzept ist, welches den frühzeitigen Einsatz unterstützender Verfahren und Instrumente in den Vordergrund stellt und damit einen entscheidenden Beitrag zur Wettbewerbsfähigkeit des Unternehmens leisten kann. Demnach müsste eine marktorientierte Steuerung der Kosten grundsätzlich zu den gleichen Erfolgen führen, wie sie aus japanischen Unternehmen berichtet werden.[396]

Um diese Erfolge zu realisieren ist es jedoch notwendig, das Konzept des Zielkostenmanagements als eine Philosophie zu verstehen, die von allen Beteiligten gelebt wird. Kundenbedürfnisse zu befriedigen, erfolgt in zunehmendem Maße nicht mehr nur durch den reinen Konsum von Produkten, sondern mehr und mehr durch den Konsum von Werten. Einem Unternehmen muss es folglich gelingen diese Werte zu schaffen, zu vermarkten und insbesondere auch vorzuleben. Hier wird indes

---

[396] Vgl. Franz, K.-P.: Target Costing - Konzept und kritische Bereiche, a.a.O., S. 128.

dass größte Problem, welches das Zielkostenmanagement in den deutschen Unternehmen hat, deutlich. Für den Gesamterfolg des Zielkostenmanagements muss die Bereitschaft zur partnerschaftlichen Arbeit bestehen und Abschied von liebgewonnen Hinterlassenschaften und Privilegien genommen werden. Diese Privilegien sind jedoch in langen und zähen Kämpfen „erarbeitet“ worden. Eine Loslösung von eben diesen wird häufig als eine Abqualifizierung verstanden. Aus diesem Grund sind die meisten Target Costing-Ansätze in deutschen Unternehmen oft nur fragmentarisch.[397]

Als ganzheitliches Konzept fordert das Zielkostenmanagement aber gerade diesen Wandel. Hierarchische Unternehmensstrukturen, in denen Kompetenz und Verantwortlichkeit genau festgelegt sind und aus denen indoktrinäre Führungsstile erwachsen, müssen in Richtung auf schlanke von partnerschaftlichen Verhaltensweisen geprägten Organisationsstrukturen verändert werden. Der beschwerliche durch Reglementierungen geprägte Weg über die Instanzen lässt neue Produktideen verkümmern und charakterisiert die in Deutschland immer noch vorherrschenden technokratischen Unternehmensstrukturen. Aus Mangel an Offenheit verfehlen diese Unternehmen nur all zu oft den Markt mit seiner Kundenvielfalt.[398]

Der Mut, neue Wege zu gehen und die Bereitschaft miteinander und nicht gegeneinander zu arbeiten, darf nicht nur stets aufs neue postuliert werden. Vielmehr muss die Bereitschaft zum Wandel von allen Beteiligen als ihre Aufgabe erkannt und vollzogen werden.

Können Eitelkeiten und Ängste der Beteiligten vor dem Wandel abgebaut werden, und gelingt es darüber hinaus den Produktionsfaktor Mensch als „Human Potential“ zu erkennen und zu schätzen, führen Konzepte wie das Zielkostenmanagement zum Erfolg.[399] Dabei muss die Loslösung von bestehenden Werten mit der Er-

---

[397] Vgl. Peemöller, V. H.: Zielkostenrechnung für die frühzeitige Kostenbeeinflussung, a.a.O., S. 380.

[398] Buggert, W. / Wielpütz, A.: Target Costing - Grundlagen und Umsetzung des Zielkostenmanagements, a.a.O., S. 227.

[399] Unter „Human Potential“ wird von seiten des Verfassers in Übereinstimmung mit Hopfenbeck, die humane, menschengerechte Führung, orientiert an den Bedürfnissen und Wertvorstellungen der Mitarbeiter verstanden. Vgl. *Hopfenbeck, W.:* Allgemeine Betriebswirtschafts- und Managementlehre - Das Unternehmen im Spannungsfeld zwischen ökonomischen, sozialen und ökologischen Interessen, a.a.O., S. 223-224.

kenntnis einhergehen, dass produzieren kein Selbstzweck ist, sondern erst durch den Verkauf der Produkte ein Umsatz erzielt wird.

Unter diesen bedingenden Parametern und der sicheren Erkenntnis, dass alles beim Kunden beginnt und endet, hält der Verfasser das Zielkostenmanagement für eines von vielen erfolgversprechenden Konzepten der Zukunft.

*„Unsere Prinzipien dauern gerade so lange, bis sie mit unseren Leidenschaften o-
der
Eitelkeiten in Konflikt kommen, und ziehen dann jedesmal den kürzeren."*

(Theodor Fontane)

ANHANG

INHALTSVERZEICHNIS DES ANHANGS

Abbildungsverzeichnis des Anhangs

Bedingungsrahmen zur Konstruktion einer Spannvorrichtung[400]

Produktentwicklungsaufgabe

Es ist eine Spannvorrichtung zum Herstellen des Schlitzes in Kupplungsbolzen laut Werkstattzeichnung zu konstruieren.

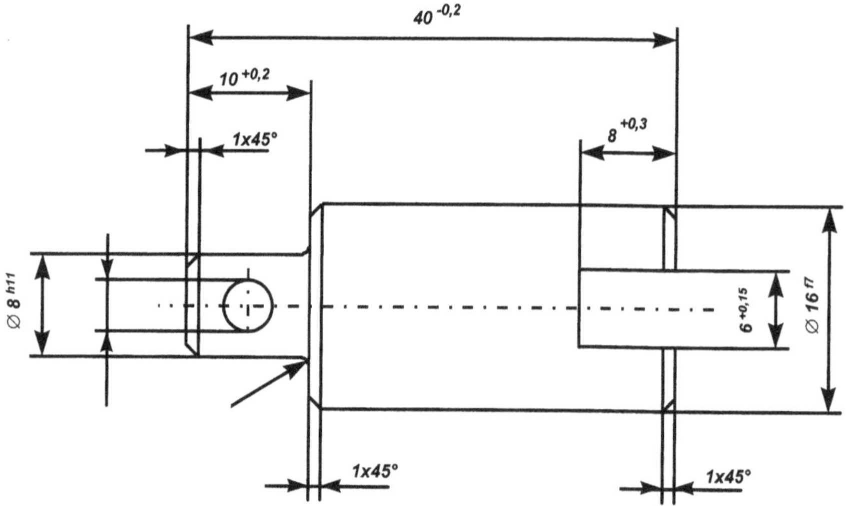

Situationsbericht

Das Fräsen des Schlitzes ist gemäß Arbeitsplan, der auf die abgeschlossene Drehbearbeitung folgende Arbeitsgang. Der längere zylindrische Teil des Kupplungsbol-

---

400 Die nachfolgenden Konstruktionen wurde nach den konstruktionstechnischen Maßgaben, wie sie von Holzmann / Meyer / Schumpich sowie von Decker, K. H. vorgeschrieben werden angefertigt. Vgl. Holzmann, G. / Meyer, H. / Schumpich, G.: Technische Mechanik - Teil 3, Festigkeitslehre, 6. Aufl., Stuttgart 1986;vgl. weiter: Decker, K.H.: Maschinenelemente,10. Aufl., München 1990. Die technischen Zeichnungen wurden unter Bezug auf die in Hoischen - Technisches Zeichnen abgedruckte Normensammlung über die Anfertigung normgerechter technischer Zeichnungen, angefertigt. Vgl. Hoischen, H.: Technisches Zeichnen, 22. Aufl., Bielefeld 1988.

zens wird durch spitzenloses Rundschleifen nach dem Schlitzen und nachfolgendem Entgraten auf Fertigmaß $\varnothing\ 16_{f7}$ bearbeitet. Für den Arbeitsgang Schlitzen ist deshalb das Vorbearbeitungsmaß $\varnothing\ 16^{+0,2}_{+0,1}$ zu beachten.

Die Fertigungszahl von ca. 50.000 Stück pro Jahr sowie die nicht vorhandene Möglichkeit zur Nutzung einer hydraulisch betriebenen Vorrichtung bedingen den Einsatz einer kompakten, automatischen Vorrichtung, die eine Mehrfach-Spannung zulässt.

Angaben zur technischen Funktion

Angabe aller Maße
Angabe aller Maßtoleranzen
Angabe der zulässigen Lagetoleranzen
Anlieferzustand laut Arbeitsplan und Situationsbericht
Berücksichtigung der Werkzeug- und Werkzeugmaschinendaten

Angaben zu den technischen Einsatzbedingungen

Fräsmaschine .... waagerechte Bauweise
Aufspannfläche .... 300 x 1000 mm
Längsbewegung .... 600 mm
Senkrechtbewegung .... 400 mm
Anzahl und Breite der T-Nuten .... 3 x 18 mm
Druckluftanschluss .... vorhanden
Einsatz einer Ölpumpe .... nicht erwünscht

Einsatzbedingungen

1. Verwendung des Fräszyklus
2. Durchmesser des größten Scheibenfräsers 100 mm

Entwicklung der Konstruktionslösung

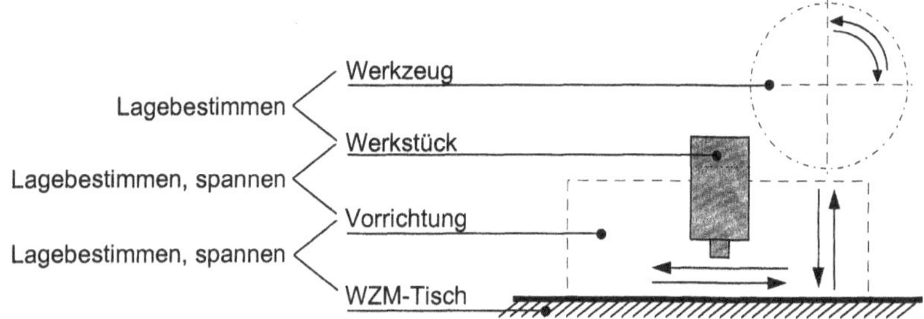

Ablauf des Fräsvorgangs

1. Ausgangsstellung (spannen / entspannen)
2. Beginn des Arbeitsvorschubes (Eintauchfräsen)
3. Durch Zyklus gesteuertes Waagerechtfräsen nach links
4. Rückkehr zur Ausgangsstellung

Grafischer Ablauf des Fräsvorgangs

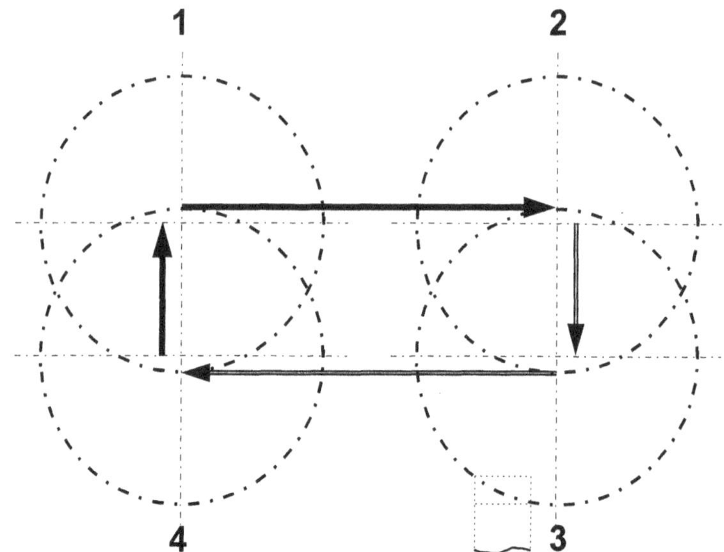

Angaben zur Produktion

	Bedingung	Mindestanforderung	Wunsch
Hoher Standardisierungsgrad	✓		
Insgesamt wenig Einzelteile	✓		
Keine losen Teile	✓		
Preiswert		✓	
Nachbau von Verschleißteilen			✓

Angaben zur Konsumtion

	Bedingung	Mindestanforderung	Wunsch
Fertigungsstückzahl pro Jahr	50.000.		
Minimale Fertigungsstabilität	4 Jahre		
Sichern gegen falsches Einlegen	✓		
Eindeutiges Bestimmen	✓		
Sicheres Spannen	✓		
Stabilität der Vorrichtung	✓		
Wahrung der Unfallsicherheit	✓		
Geringe Grundzeiten	✓		
Ermöglichen einer Mehrfach Spannung	✓		
Maximal zulässige Masse		30 Kg	
1-Maschinen-Bedienung		✓	
Personaleinsatz		angelernt	
Manuelle Beschickung		✓	
Günstige Spanbeseitigung		✓	
Kühlmittelabflussmöglichkeit		✓	
Geringe Beschädigung der Werkstückoberfläche beim Spannen und Bearbeiten		✓	
Geringer Pflegeaufwand		✓	
Leicht austauschbare Verschleißteile			✓
Weiterverwendbarkeit für ähnliche Teile			✓
Einsatz auf anderen Maschinen			✓

Punktschema für die Bewertung der Lagebestimmung des Werkstücks

Bewertungsschema	Punkte
Sehr gute Lösung	4
Gute Lösung	3
Ausreichende Lösung	2
Gerade noch tragbare Lösung	1
Unbefriedigende Lösung	0

Lagebestimmung [BR] des Werkstücks (radial)

Bewertungskriterium	Eigenschaft
BR 1	Sicherheit des Bestimmens • Größe der Bestimmfläche, • Einhaltung der Zeichnungsangaben
BR 2	Aufnahme der Schnitt- und Spannkräfte • Steifigkeit, • Kraftschluss

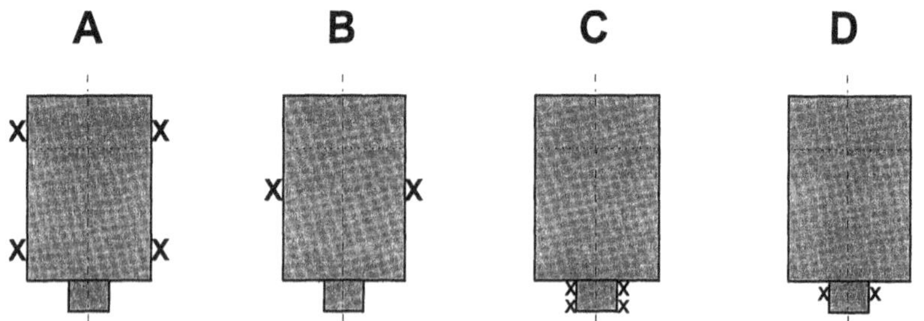

Bewertung

Bestimmungsvorschlag	A	B	C	D
BR 1	4	2	1	0
BR 2	4	2	1	0
Summe	**8**	**4**	**2**	**0**

Lagebestimmung [BA] des Werkstücks (axial)

Bewertungskriterium	Eigenschaft
BA 1	Sicherheit des Bestimmens • Größe der Bestimmfläche, • Einhaltung der Zeichnungsangaben
BA 2	Größe der Fertigungstoleranz
BA 3	Voraussichtlicher konstruktiver Aufwand
BA 4	Voraussichtliche Größe der Hilfszeit

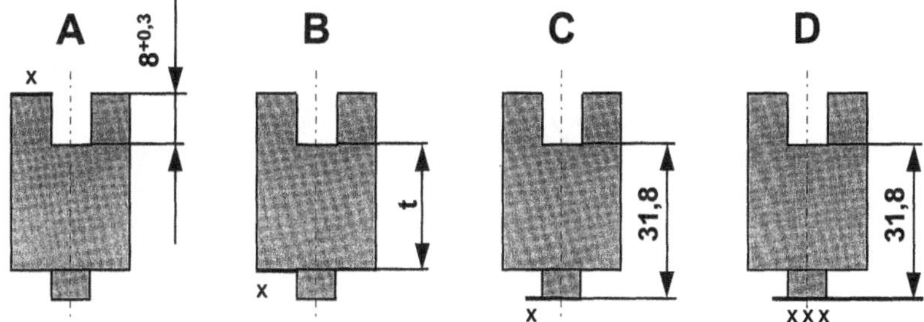

Bewertung

Bestimmungsvorschlag	A	B	C	D
BA 1	1	4	1	1
BA 2	3	2	3	3
BA 3	1	4	2	1
BA 4	1	4	3	3
Summe	6	14	9	8

Bestimmteile [BT] für radiales Spannen (Lösungsvarianten)

A) Hohlzylinder

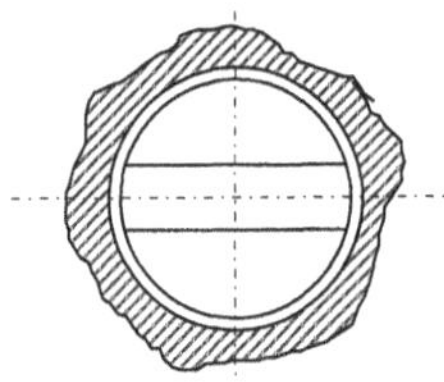

B) Halbzylinder

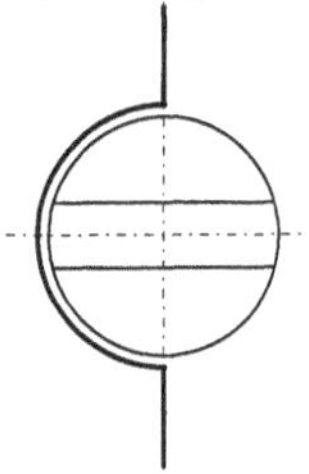

C) U-Prisma

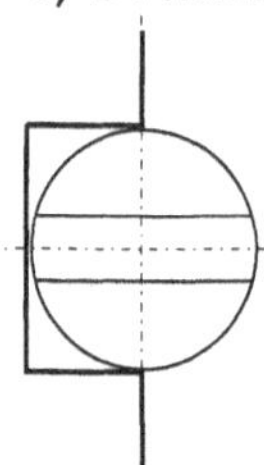

D) V-Prisma

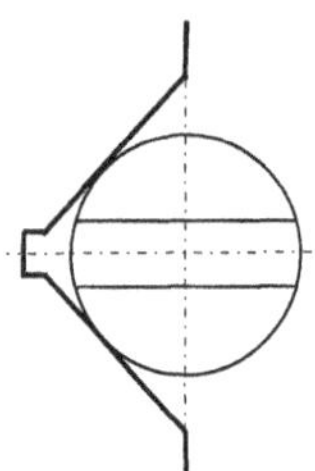

E) 2-Backenfutter

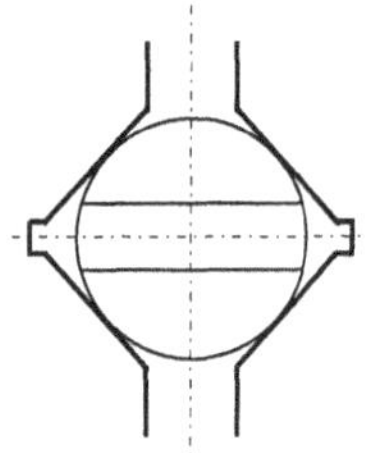

F) 3-Backenfutter

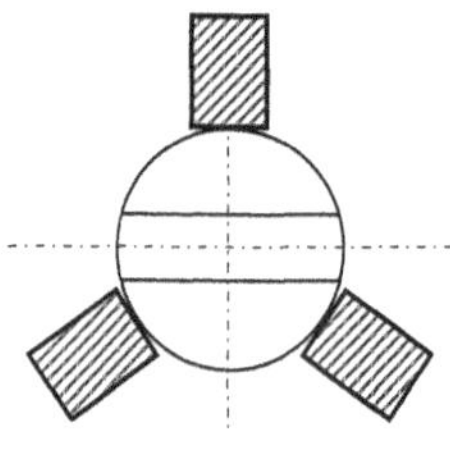

Bewertungsbeeinflussende Parameter

Bewertungskriterium	Eigenschaft
BT 1	Bestimmgenauigkeit
BT 2	Konstruktiver Aufwand
BT 3	Mehrstückanordnung
BT 4	Spanbeseitigung

Bewertung

Bestimmungsvorschlag	A	B	C	D	E	F
BT 1	2	2	4	4	4	4
BT 2	2	3	4	2	2	1
BT 3	4	4	4	3	3	0
BT 4	1	2	3	3	3	3
Summe	9	11	15	12	12	8

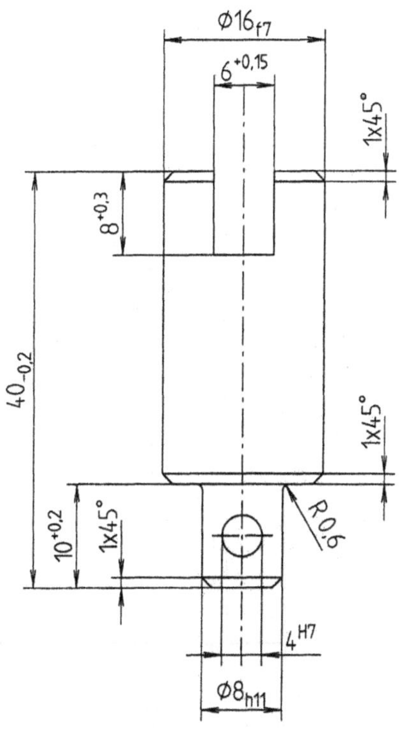

Kupplungsbolzen	
Fachschule für Technik **Wuppertal**	Positions-Nr. –
Datum	**Name**
26.11.1990	M. Bergmann

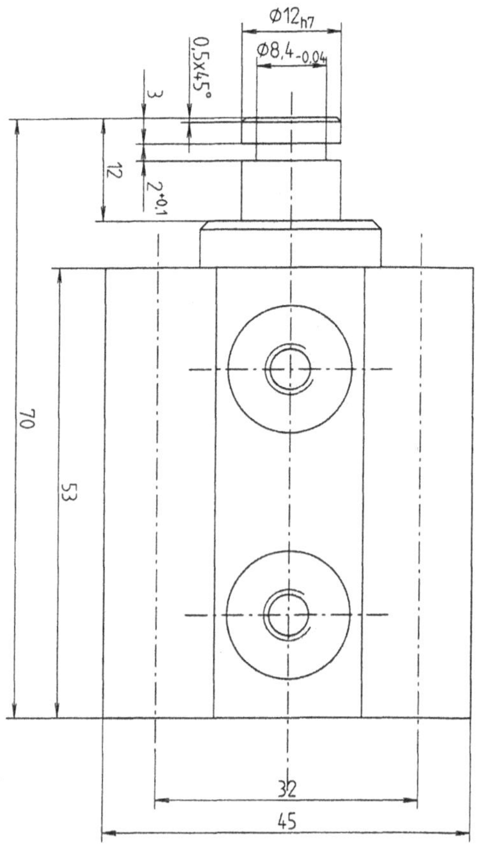

Pneumatischer Kurzhubzylinder	
Fachschule für Technik	Positions-Nr.
Wuppertal	**1**
Datum	**Name**
26.11.1990	M. Bergmann

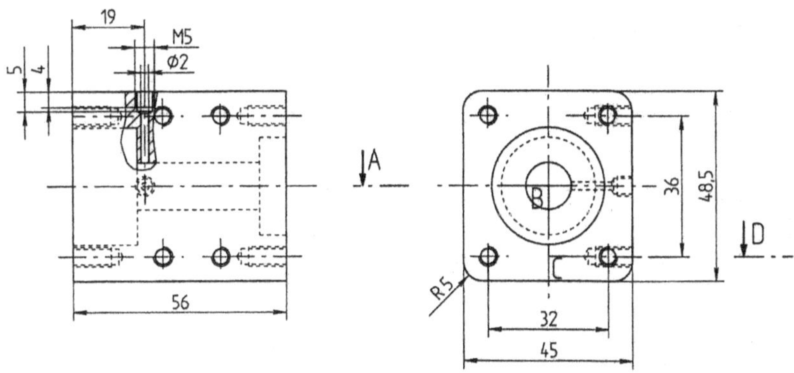

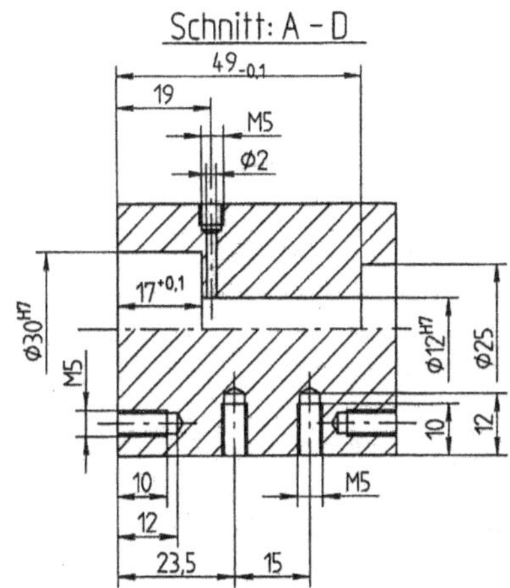

Druckwandler	
Fachschule für Technik **Wuppertal**	Positions-Nr. **3**
Datum	**Name**
26.11.1990	M. Bergmann

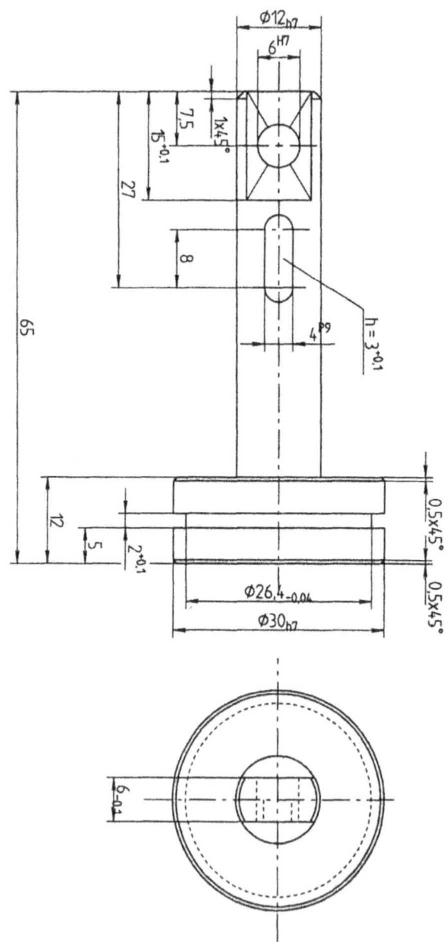

Kolbenstange	
Fachschule für Technik	Positions-Nr.
Wuppertal	**5**
Datum	**Name**
26.11.1990	M. Bergmann

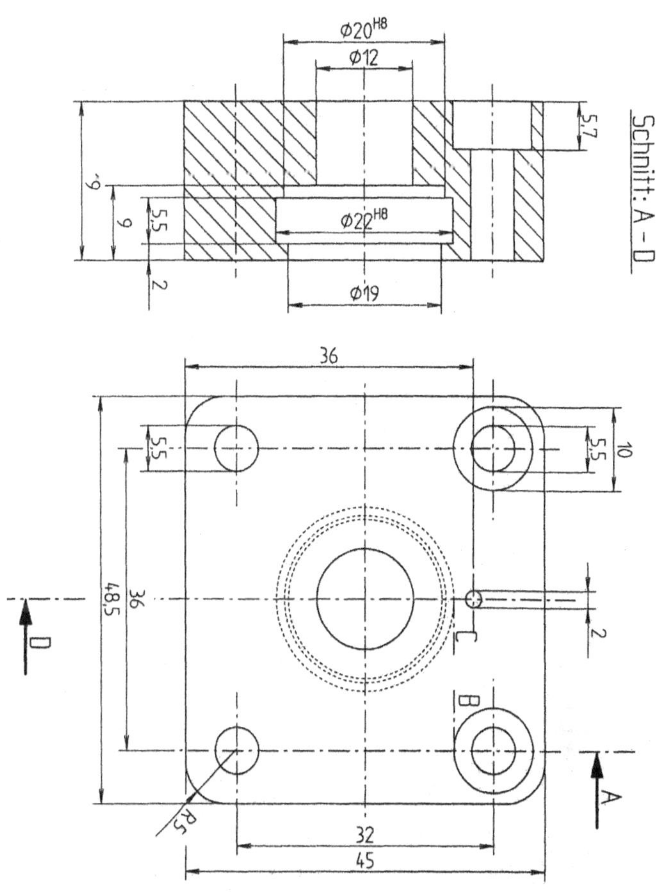

Führungskopf	
Fachschule für Technik	Positions-Nr.
Wuppertal	**7**
Datum	**Name**
26.11.1990	M. Bergmann

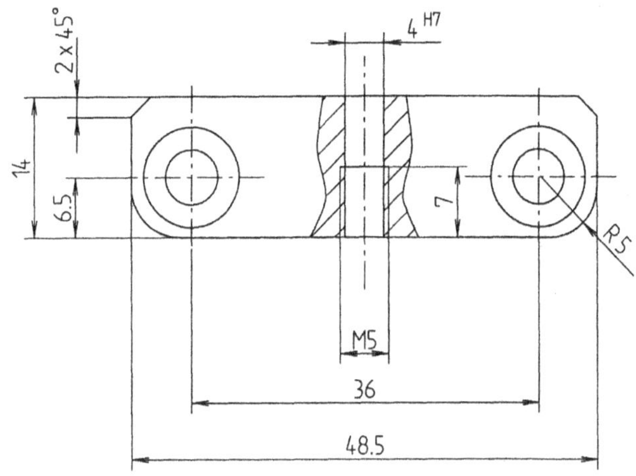

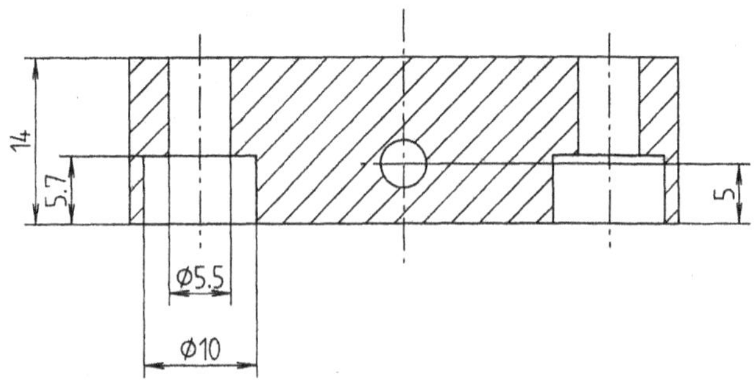

Kolbenstangenführung	
Fachschule für Technik	Positions-Nr.
Wuppertal	**10**
Datum	**Name**
26.11.1990	M. Bergmann

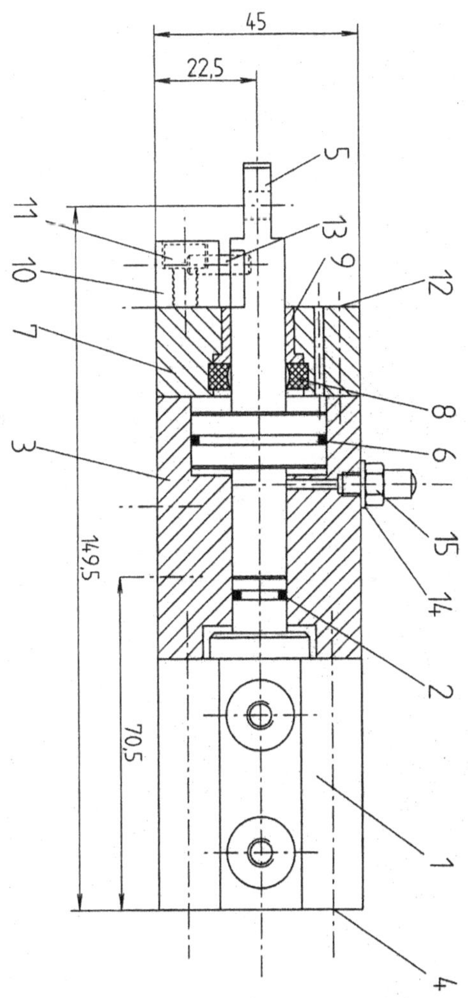

Hydro-pneumatischer Kraftübersetzer	
Fachschule für Technik	Positions-Nr.
Wuppertal	–
Datum	**Name**
26.11.1990	M. Bergmann

1	2	3	4	5	6
Pos.	Menge	Einheit	Benennung	Sachnummer / Norm-Kurzbezeichnung	Bemerkung
1	1		Kurzhubzylinder	Bosch 0822406071	∅32 x 20
2	1		Runddichtring	DIN 3770 8 x 2B	NB 70
3	1		Druckwandler		9 S 20 K
4	4		Zylinderschraube	DIN 912 M5 x 75	
5	1		Kolbenstange		Ck 45
6	1		Runddichtring	DIN 3770 26 x 2B	NB 70
7	1		Führungskopf		9 S 20 K
8	1		Nutring	DIN 3760 ∅22 x ∅12 x 5,5	P 41
9	1		Führungsbuchse	DIN 1850 ∅20 x ∅12H7 x 12	So Ms 58 Al 2
10	1		Kolbenstangenführung		St 37-2
11	2		Zylinderschraube	DIN 912 M5 x 48	8.8
12	2		Zylinderschraube	DIN 912 M5 x 23	8.8
13	1		Zylinderstift	DIN 7 4h8 x 18	St 50-2K
14	1		Dichtscheibe	DIN 3750 ∅4,2 x ∅10 x 0,8	Cu
15	1		Sechskantschraube	DIN 931 M4 x 6	8.8
16	1		Kugelöler	DIN 3402 M4 x 10	St 37-2

Hydro-pneumatischer Kraftübersetzer	
Fachschule für Technik	Positions-Nr.
Wuppertal	Stückliste
Datum	**Name**
26.11.1990	M. Bergmann

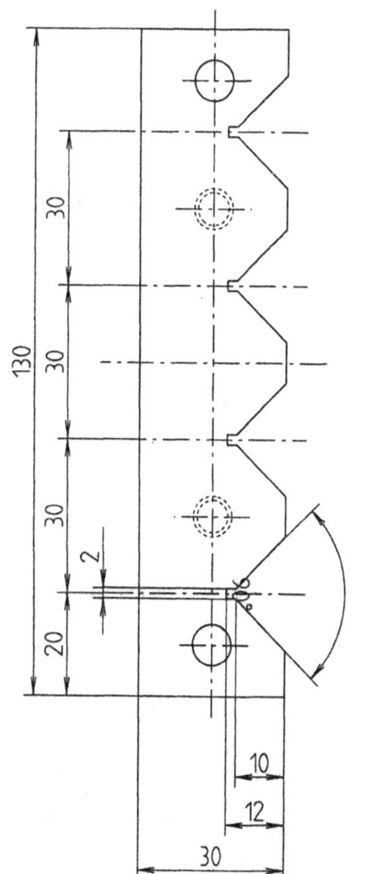

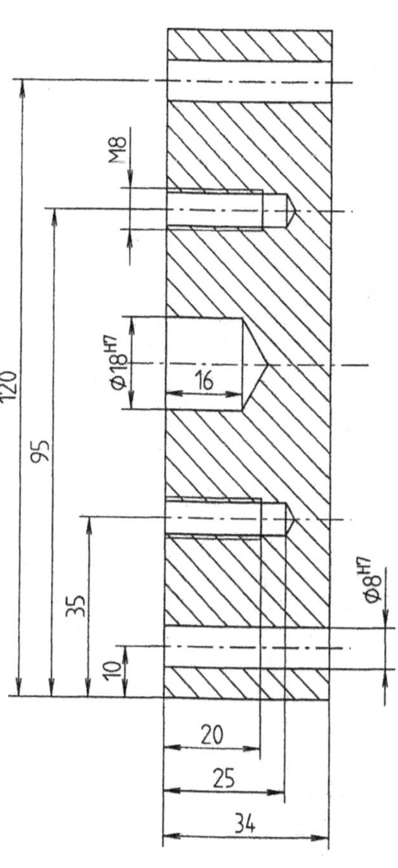

Prisma	
Fachschule für Technik	Positions-Nr.
Wuppertal	**2**
Datum	**Name**
26.11.1990	M. Bergmann

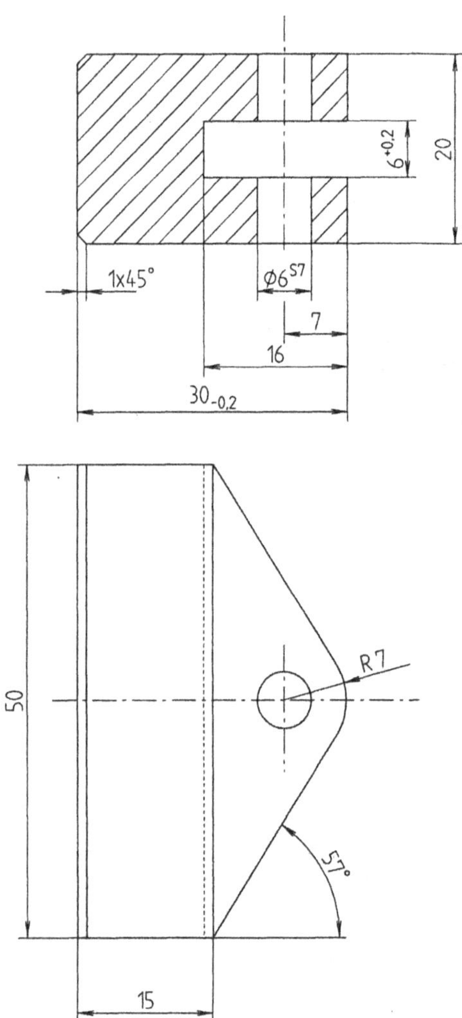

Spannbacke	
Fachschule für Technik	Positions-Nr.
Wuppertal	**3**
Datum	**Name**
26.11.1990	M. Bergmann

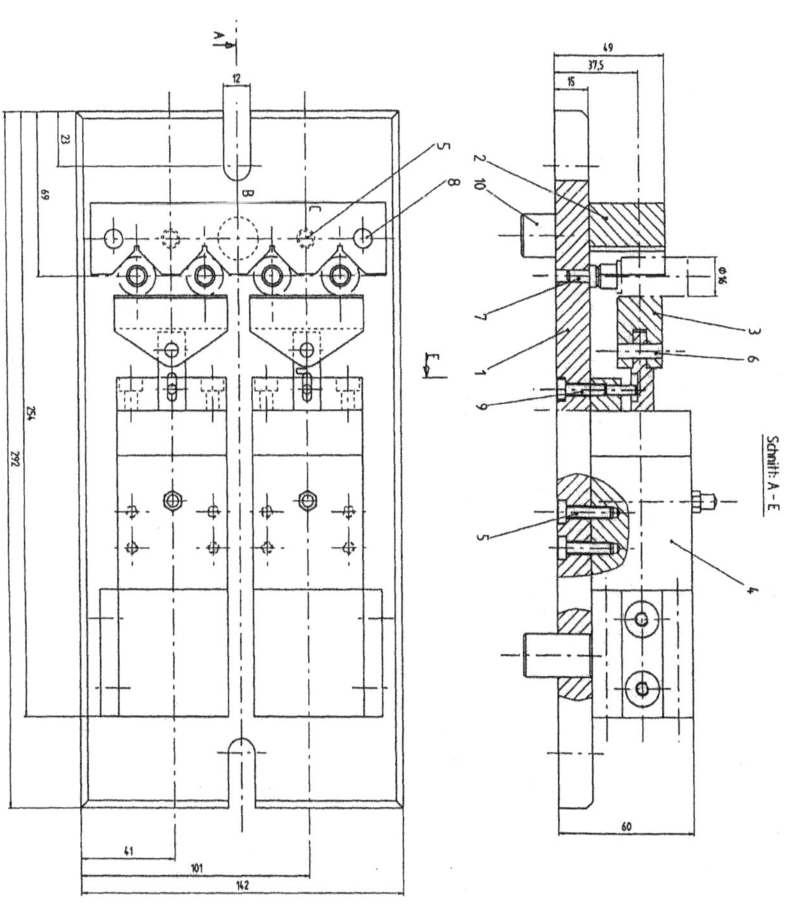

Hydro-pneumatische Spannvorrichtung	
Fachschule für Technik **Wuppertal**	Positions-Nr. –
Datum	**Name**
26.11.1990	M. Bergmann

1	2	3	4	5	6
Pos.	Menge	Einheit	Benennung	Sachnummer / Norm-Kurzbezeichnung	Bemerkung
1	1		Grundplatte		St 52 - 3
2	1		Prisma		C 35
3	2		Spannbacke		C 35
4	2		Hydo-pneumeumatischer Kraftübersetzer		
5	10		Zylinderschraube	DIN 912 M5 x 20	8.8
6	2		Zylinderstift	DIN 7 6h7 x 20	St 50 - 2K
7	4		Positionsstift	Sp6 - NLM	St 50 - 2K
8	2		Zylinderstift	DIN 7 8m6 x 50	St 50 - 2K
9	2		Zylinderschraube	DIN 912 M8 x 25	8.8
10	4		Zylinderstift	DIN 7 18m6 x 44	St 50 - 2K
11	1		Zylinderstift	DIN 7 18m6 x 30	St 50 - 2 K

Hydro-pneumatische Spannvorrichtung	
Fachschule für Technik **Wuppertal**	Positions-Nr. Stückliste
Datum	**Name**
26.11.1990	M. Bergmann

LITERATURVERZEICHNIS

Selbständige Bücher und Schriften

Arnolds, H. / Heege, F. / Tussing, W.: Materialwirtschaft und Einkauf - Praxisorientiertes Lehrbuch, 8. Aufl., Wiesbaden 1993.

Backhaus, K. / Erichson , B. / Plinke, W. / Weiber, R.: Multivariate Analysemethoden, 6. Aufl., Berlin u.a. 1990.

Bronner, A.: Einsatz der Wertanalyse in Fertigungsbetrieben, Köln 1989.

Buggert, W. / Wielpütz, A.: Target Costing - Grundlagen und Umsetzung des Zielkostenmanagements, München / Wien 1995.

Camp, R. C.: Benchmarking, München, Wien 1994.

Corsten, H.: Handbuch Kostenmanagement - Kostenmanagement im Produktionsbereich, Wiesbaden 1994.

Crawford, C. M.: Neuprodukt-Management, Frankfurt am Main, New York 1992.

Danzer, H.: Quality-Denken stärkt die Schlagkraft des Unternehmens, Köln 1990.

Deyhle, A.: Controller Praxis, Band 1, 6. Aufl., Gauting bei München 1986.

Erlenspiel, K.: Kostengünstig konstruieren, Berlin, Heidelberg 1985.

Fischer, T. M.: Kostenmanagement Strategischer Erfolgsfaktoren - Instrumente zur operativen Steuerung der Strategischen Schlüsselfaktoren Qualität, Flexibilität und Schnelligkeit, München 1993.

Franke, R. / Zerres, M.: Planungstechniken - Instrumente für zukunftsorientierte Unternehmensführung, 4. Aufl., Frankfurt am Main 1994.

Freidank, C.: Kostenrechnung, 5. Aufl., München, Wien 1994.

Haberstock, L.: Kostenrechnung I - Einführung, Band 1, 8. Aufl., Hamburg 1987.

Heiner, H.-A.: Praxishandbuch Kostenrechnung - Grundlagen, Kostenarten und Kostenstellenrechnung, Köln 1990.

Hoffmann, H. J.: Wertanalyse - Die Antwort auf Kaizen, 2. Aufl., München 1993.

Hopfenbeck, W.: Allgemeine Betriebswirtschafts- und Managementlehre - Das Unternehmen im Spannungsfeld zwischen ökonomischen, sozialen und ökologischen Interessen, 6. Aufl., Landsberg am Lech 1992.

Horváth, P.: Controlling, 5. Aufl., Stuttgart 1994.

Imai, M.: Kaizen - Der Schlüssel zum Erfolg der Japaner im Wettbewerb, 4. Aufl., München 1994.

Jansen, H.: Lean Produktion in der mittelständischen Industrie, Berlin u.a. 1993.

Kotler, P. / Bliemel, F. W.: Marketing-Management - Analyse, Planung, Umsetzung und Steuerung, 7. Aufl. Stuttgart 1992.

Mählck, H. / Panskus, G.: Herausforderung lean production - Möglichkeiten zur wettbewerbsgerechten Erneuerung von Unternehmen, Düsseldorf 1993.

Nieschlag, R. / Dichtel, E. / Hörschgen, H.: Marketing, 16. Aufl., Berlin 1991.

Perridon, L. / Steiner, M.: Finanzwirtschaft der Unternehmung, 7. Aufl. München 1993.

Pfeifer, T.: Qualitätsmanagment - Strategien, Methoden, Techniken, München, Wien 1993.

Preißner, A. / Engel, S.: Marketing, München u.a. 1994.

Rommel, G.: Einfach Überlegen - Das Unternehmenskonzept, das die Schlanken schlank und die Schnellen schnell macht, Stuttgart 1993.

Schaele, M.: Erstellen und Bewerten von Konzepten zur Rechnerintegrierten Produktion im Werkzeugbau. Fortschritt-Berichte VDI, Reihe 2, Nr. 214, Düsseldorf 1991.

Scheer, A.-W.: Wirtschaftsinformatik, 5. Aufl., Berlin u.a. 1994.

Scheuch, F.: Marketing, 3. Aufl., München 1989.

Schubert, B.: Entwicklung von Konzepten für Produktinnovationen mittels Conjoint-Analyse, Stuttgart 1991.

Seidenschwarz, W.: Target Costing - Marktorientiertes Zielkostenmanagement, München 1993.

Serfling, K.: Controlling, 2. Aufl., Stuttgart, Berlin, Köln 1992.

Specht, G. / Schmelzer, H.: Qualitätsmanagement in der Produktentwicklung, Stuttgart 1991.

Stange, J.: Wertsteigerung durch Wertanalyse - Grundsätzliche Betrachtung aus betriebswirtschaftlicher Sicht, Thun, Frankfurt am Main 1980.

Steinmetz, O.: Die Strategie der Integrierten Produktentwicklung - Softwaretechnik und Organisationsmethoden zur Optimierung der Produktentwicklung im Unternehmen, Braunschweig, Wiesbaden 1993.

Weis, H. C. / Steinmetz, P.: Marktforschung, 2. Aufl., Ludwigshafen, Kiel 1995.

Weis, H. C.: Marketing, 8. Aufl. Ludwigshafen, Kiel 1993.

Witschke, H. J.: Die Informationsfunktion des Produktes in der Wertanalyse - Ein Ansatz zur Wertsteigerung von Produkten, Bergisch Gladbach, Köln 1990.

Wöhe, G.: Einführung in die Allgemeine Betriebswirtschaftslehre, 17. Aufl. München 1990.

Beiträge in Sammelwerken

Becker, J.: Konstruktionsbegleitende Kalkulation als CIM-Baustein. In: Männel, W. [Hrsg.]: Handbuch Kostenrechnung. Wiesbaden 1992, S. 522-562.

Cibis, C. / Niemand, S.: Planung und Steuerung funktionaler Dienstleitungen mit Target Costing - Dargestellt am Beispiel der IBM Deutschland GmbH. In: Horváth, P. [Hrsg.]: Target Costing, Stuttgart 1993, S. 191-228.

Dambrowski, J.: Wie man mit Lean Target Costing effizient arbeiten kann. In: Horváth, P. [Hrsg.]: Effektives und schlankes Controlling, Stuttgart 1992, S. 277-308.

Deutsches Institut für Normung e.V. [Hrsg.]: DIN 69910 (Wertanalyse) in der Fassung von August 1987, Berlin 1987, S. 1-8.

Deutsches Institut für Normung e.V. [Hrsg.]: DIN 69910 (Wertanalyse) in der Fassung von November 1973, Berlin 1973, S. 1-6.

Ehrlenspiel, K.: Produktkostencontrolling und Simultaneous Engineering. In: Horváth, P. [Hrsg.]: Effektives und schlankes Controlling, Stuttgart 1992, S. 289-308.

Franz, K. P.: Target Costing - Die Prozesskostenrechnung im Vergleich mit der Grenzplankosten- und Deckungsbeitragsrechnung. In: Horváth, P. [Hrsg.]: Strategieunterstützung durch das Controlling: Revolution im Rechnungswesen?, Stuttgart 1990, S. 195-210.

Freimuth, W.: Die Integration der Wertanalyse in die Unternehmensorganisation. In: Reichmann, T. [Hrsg.]: Controlling-Praxis, München 1988, S. 209-213.

Friedl, B.: Kostenplanung und -steuerung in der Entwicklung. In: Corsten, H. [Hrsg.]: Handbuch Produktionsmanagement, Wiesbaden 1994, S. 498-515.

Gaiser, B. / Kieninger, M.: Fahrplan für die Einführung des Target Costing. In: Horváth, P. [Hrsg.]: Target Costing, Stuttgart 1993, S. 53-73.

Gierse, F. J.: Funktionen und Funktionen-Strukturen - Zentrale Werkzeuge der Wertanalyse. In: Verein Deutscher Ingenieure [Hrsg.]: VDI-Berichte 849 - Wertanalyse — Wertgestaltung — Value-Management - Neue Impulse zum ganzheitlichen Problemlösen. Tagung Nürnberg, 13. und 14. November 1990, Düsseldorf 1990, S. 17-66.

Gleich, R.: Wettbewerbsorientierung im Controlling durch strategisches Kostenmanagement. In: Risak, J. / Deyhle, A. [Hrsg.]: Controlling -State of the Art und Entwicklungstendenzen, Wiesbaden 1991, S. 133-155.

Horváth, P. / Niemand, S. / Wolbold, M.: Target Costing - State of the Art. In: Horváth, P. [Hrsg.]: Target Costing, Stuttgart 1993, S. 1-27.

Jakob, F.: Target Costing im Anlagenbau - Das Beispiel der LTG Lufttechnische GmbH. In: Horváth, P. [Hrsg.]: Target Costing, Stuttgart 1993, S. 155-190.

Jehle, E.: Entwicklungstrends der Wertanalyse zum Value Management. In: Milling, P. [Hrsg.]: Systemmanagement und Managementsysteme, Berlin 1991, S. 219-242.

Lauk, K. J.: Strategisches Controlling und Organizational Leverage. In: Horváth, P. [Hrsg.]: Strategieunterstützung durch das Controlling - Revolution im Rechnungswesen?, Stuttgart 1990, S. 75-89.

Loos, U.: Strategische Ausrichtung einer produktbezogenen Wertanalyse. In: Verein Deutscher Ingenieure [Hrsg.]: VDI-Berichte 767 - Kostensenkungspotentiale der Produktion - Schlüssel zur Rationalisierung: Produktgestaltung - Wertanalyse - Teilefertigung - Montage. Tagung Neu-Ulm, 4. / 5. Dezember 1989, Düsseldorf 1989, S. 151-176.

Männel, W.: Anpassung der Kostenrechnung an moderne Unternehmensstrukturen. In: Männel, W. [Hrsg.]: Handbuch Kostenrechnung, Wiesbaden, 1992, S. 105-137.

Müller, H. / Wolbold, M.: Target Costing im Entwicklungsbereich der „ElektroWerk AG“. In: Horváth, P. [Hrsg.]: Target Costing, Stuttgart 1993, S. 119-153.

Neff, K.: Unternehmensplanung und Markt - Von der Produktidee bis zum fertig entwickelten Produkt In: Verein Deutscher Ingenieure [Hrsg.]: VDI-Berichte 683 - Potentiale nutzen - mit Erfolgsgarantie, Kongreß, Frankfurt am Main, 5. / 6. Mai 1988, Düsseldorf 1988, S. 137-144.

Pfeiffer, W. / Weiß, E.: Philosophie und Elemente des Lean Management. In: Corsten, H. / Will, T. [Hrsg.]: Lean Production, Stuttgart, u.a. 1993, S. 14-45.

Rummel, K.: Zielkosten-Management - Der Weg, Produktkosten zu halbieren und Wettbewerber zu überholen. In: Horváth, P. [Hrsg.]: Effektives und schlankes Controlling, Stuttgart 1992, S. 221-244.

Schöler, H. R.: Kundenorientierte Produktentwicklung - Präventive Qualitätssicherung mit Quality Function Deployment (QFD). In: Verein Deutscher Ingenieure [Hrsg.]: VDI Berichte Nr. 1000 - Mikroelektronik im Maschinen- und Anlagenbau, Methoden, Komponenten, Lösungen, Düsseldorf 1992, S. 237-248.

Schröder, H. H.: Wertanalyse als Instrument optimierender Produktgestaltung. In: Corsten, H. [Hrsg.]: Handbuch Produktionsmanagement, Wiesbaden 1994, S. 151-169.

Seidenschwarz, W.: Target Costing - Durch marktgerechte Produkte zu operativer Effizienz oder: Wenn der Markt das Unternehmen steuert. In: Horváth, P. [Hrsg.]: Target Costing, Stuttgart 1993, S. 28-52.

Specht, G.: Qualitätsmanagement im Innovationsprozeß unter besonderer Berücksichtigung der Schnittstellen zwischen FuE und Vertrieb. In: Specht, G. / Silberer, G. / Engelhard, W. H. [Hrsg.]: Marketing-Schnittstellen - Herausforderung für das Management, Stuttgart 1989, S. 141-163.

VDI-Richtlinie 2222: In: Verein Deutscher Ingenieure VDI [Hrsg.]: Konstruktionsmethodik - Erstellung und Anwendung von Konstruktionskatalogen, Düsseldorf 1982, Blatt 2, S. 1-44.

VDI-Richtlinie 2225: In: Verein Deutscher Ingenieure VDI [Hrsg.]: Konstruktionsmethodik - Technisch-wirtschaftliches Konstruieren - Technisch-wirtschaftliches Bewerten, Düsseldorf 1990, Blatt 3, S. 1-19.

Verein Deutscher Ingenieure: Ohne Titeleintrag. In: VDI Zentrum Wertanalyse [Hrsg.]: Wertanalyse - Idee, Methode, System, 4. Aufl., Düsseldorf 1991, S. 1-491.

Aufsätze in Fachzeitschriften

Balderjahn, I.: Der Einsatz der Conjoint-Analyse zur empirischen Bestimmung von Preisresponsefunktionen. In: Marketing ZfP (1994) Heft 1, S. 12-20.

Bauer, H. H. / Herrmann, A.: Preisfindung durch „Nutzenkalkulation" am Beispiel einer PKW-Kalkulation. In Controlling (1993), Heft 5, S. 236-240.

Becker, W.: Frühzeitige markt- und rentabilitätsorientierte Kostensteuerung. In: krp (1993), Heft:5, S. 279-287.

Bender, G.: Was ist Wertanalyse - Und was macht sie für die Industriesoziologie und gesellschaftstheoretisch so interessant?. In: Arbeit (1993), Heft 2, S. 140-158.

Brunner, F. J.: Produktplanung mit Quality Funktion Deployment QFD. In: iO Management Zeitschrift (1992), Heft 6, S. 42-46.

Bucksch, R. / Rost, P.: Einsatz der Wertanalyse zur Gestaltung erfolgreicher Produkte. In: zfbf (1985), Heft 4, S. 351-361.

Buggert, W.: Neuere Verfahren des Kostenmanagements in den Gemeinkostenbereichen. In: Controller Magazin (1994), Heft 2, S. 90-102.

Bullinger, H.-J. / Frech, J.: Kostenbewußtsein und Marktorientierung in Unternehmen des Mittelstandes. In: iO Management Zeitschrift (1994), Heft 10, S. 59-62.

Bullinger, H.-J. / Warschat, J. / Frech, J.: Kostengerechte Produktentwicklung - Target Costing und Wertanalyse im Vergleich. In: VDI-Z (1994), Heft 10, S. 73-81.

Bürgel, H. D. / Haller, C. / Binder, M.: Die japanische Konkurrenz - Anstöße für Überlegungen zur Effektivitäts- und Effizienzsteigerung des westlichen F&E-Prozesses. In: ZfB (1995), Heft 1, S. 1-27.

Burger, A. / Schellberg, B.: Kostenmanagement mittels Wertanalyse. In: krp (1995), Heft 3, S. 145-151.

Cervellini, U.: Marktorientiertes Gemeinkostenmanagement mit Hilfe der Prozesskostenrechnung - Ein Erfahrungsbericht. In: Controlling (1994), Heft 2, S. 64-72.

Coenenberg, A. G. / Fischer, T. / Schmitz, J.: Target Costing und Product Life Cycle Costing als Instrumente des Kostenmanagements. In: ZfP (1994), Heft 1, S. 1-38.

Coenenberg, A. G. / Fischer, T. M.: Prozesskostenrechnung: Relevance Regained? - Anmerkungen zum State-of-the-Art und Entwicklungstendenzen. In: Controlling (1994), Sonderheft 1, S. 5-20.

Daum, M. / Piepel, U.: Lean Production - Philosophie und Realität. In: iO Management Zeitschrift (1992), Heft 1, S. 40-47.

Ehrlenspiel, K.: Möglichkeiten zum Senken der Produktkosten - Erkenntnisse aus einer Auswertung von Wertanalysen. In: Konstruktion (1980), Heft 5, S. 173-178.

Eversheim, W. / Bochtler, W. / Gräßler, R. / Laufenberg, L.: Simultaneous Engineering auf Basis prozeßorientierter Strukturmodelle - Methoden und Modelle zur integrierten Produkt- und Prozessgestaltung. In: Management & Computer (1994), Heft 3, S. 165-173.

Eversheim, W. / Schmidt, R. / Saretz, B.: Systematische Ableitung von Produktmerkmalen aus Marktbedürfnissen. In: iO Management Zeitschrift (1994), Heft 1, S. 66-67.

Fischer, T. M. / Schmitz J. A.: Informationsgehalt und Interpretation des Zielkostenkontrolldiagramms im Target Costing. In: krp (1994), Heft 6, S. 427-433.

Fischer, T. M. / Schmitz, J.: Marktorientierte Kosten- und Qualitätsziele gleichzeitig erreichen, in: iO Management Zeitschrift (1994), Heft 10, S. 63-68.

Fischer, T. M.: Kosten frühzeitig erkennen und beeinflussen. In: iO Management Zeitschrift (1993), Heft:9, S. 67-71.

Franz, K. P.: Moderne Methoden der Kostenbeeinflussung. In: krp (1992), Heft 3, S. 127-134.

Franz, K.-P.: Target Costing - Konzept und kritische Bereiche. In: Controlling (1993), Heft 3, S. 124-130.

Frech, J.: Kostengerechte Konstruktion. In: CAD-CAM Report (1995), Heft 3, S. 130-148.

Frech, J.: Target Costing - Status-Quo-Test zur Definition der Implementierungsschwerpunkte. In: REFA-Nachrichten (1995), Heft 5, S. 16-18.

Fröhling, O.: Strategische Produktkostenermittlung am Beispiel der Automobilindustrie - Eine Kunden-, unternehmens- und wettbewerbsbezogene Kalkulationssynthese. In: krp (1994), Heft 2, S. 127-134.

Gerpott, T. J.: Simultaneous-Engineering. In: Die Betriebswirtschaft (1990), Heft 3, S. 399-400.

Gleich, R.: Kostenforechecking. In: Controlling (1994), Heft 1, S. 48-50.

Gröner, L.: Entwicklungsbegleitende Vorkalkulation. In: krp (1990), Heft 6, S. 374-375.

Groth, U. / Kammel, A.: Japanisches Kostenmanagement - Vorbild für Produktentwicklung und wirtschaftliche Fertigung?. In: ZwF 89 (1994), Heft 1/2, S. 64-66.

Gutzler, E.H.: GWA - Wunderwaffe mit vielen Tücken. In: Harvard Manager (1992), Heft 4, S. 120-131.

Hauser, J. R. / Clausing, D.: Wenn die Stimme des Kunden bis in die Produktion vordringen soll. In: Harvard Manager (1988), Heft 4, S. 57-70.

Herter, R. / Horváth, P.: Benchmarking - Vergleich mit den Besten der Besten. In: Controlling (1992), Heft 1, S. 4-11.

Hieke, H.: Rechnen mit Zielkosten als Controllinginstrument. In: WiSt (1994), Heft 10, S. 498-502.

Hiromoto, T.: Another hidden edge - Japanese Management Accounting. In: HBR (1988), Heft 4, S.22-26.

Hiromoto, T.: Management Accounting in Japan - Ein Vergleich zwischen japanischen und westlichen Systemen des Management Accounting. In: Controlling (1989), Heft 6, S. 316-322.

Horváth, P. / Mayer, R.: Prozesskostenrechnung - Der neue Weg zu mehr Kostentransparenz und wirkungsvolleren Unternehmensstrategien. In: Controlling (1989), Heft 4, S. 214-219.

Horváth, P. / Seidenschwarz, W.: Von Genka Kikaku bis Kaizen. In: Controlling (1993), Heft 1, S. 10-18.

Horváth, P. / Seidenschwarz, W.: Zielkostenmanagement. In: Controlling (1992), Heft 3, S. 142-150.

Jehle, E.: Wertanalyse - Ein System zum Lösen komplexer Probleme. In: WiSt (1991), Heft 6, S. 287-294.

Karmarkar, U.: Just-in-Time, Kanban oder was?. In Harvard Manager (1990), Heft 3, S. 84-91.

Kleinaltenkamp, M.: Die Dynamisierung strategischer Marketing-Konzepte. In: zfbf (1987), Heft 1, S. 31-52.

Klinger, B. F.: Target Cost Management - Durch marktorientiertes Zielkostenmanagement können Automobilhersteller ihre Produktkosten senken. In: Controlling (1993), Heft 4, S. 200-207.

Knoblich, H. / Denhardt, H. P.: Einsatz der Conjoint-Analyse zur PKW-Gestaltung - Die Konzeption von Sondermodellen. In: Marktforschung & Management (1991), Heft 4, S. 176-182.

Krogh, H.: Kunden im Visier. In: Manager Magazin (1992), Heft 12, S. 260-267.

Küting, K. / Lorson, P.: Überblick über die Prozesskostenrechnung - Stand, Entwicklungen und Grenzen. In: krp (1993), Sonderheft 2, S. 29-35.

Laker, M.: Target Costing nicht ohne Target Pricing - Was darf ein Produkt kosten?. In: Gablers Magazin (1993), Heft:3, S. 61-63.

Link, H.-D. / Niemand, S. / Schell, J.: Die entwicklungsbegleitende Kalkulation als Unterstützung eines Target Costing Gesamtkonzeptes für die Schuhindustrie. In: Controlling (1994), Heft 6, S. 346-355.

Männel, W.: Bedeutsame Ansätze, Konzepte und Instrumente des Kostenmanagements. In: krp (1992), Heft 2, S. 340-343.

Männel, W.: Marktorientierte Kostenvorgaben und frühzeitige Kostenbeeinflussung. In: krp (1994), Heft 2, S. 93.

Männel, W.: Moderne Konzepte für Kostenrechnung, Controlling und Kostenmanagement. In: krp (1993), Heft 2, S. 69-78.

Mittmann, B. / Kistner, W.: Konstruieren ohne Toleranzvorgaben - Bereichsübergreifende Bereitstellung von Informationen als Voraussetzung. In: VDI-Z (1995), Heft 6, S. 62-63.

Müller-Hagedorn, L. / Sewing, E. / Toporowski, W.: Zur Validität von Conjoint-Analysen. In: Zfbf (1993), Heft 2, S.123-148.

Niemand, S.: Target Costing - Konsequente Marktorientierung durch Zielkostenmanagement. In: Fortschrittliche Betriebsführung und Industrieal Engineering [FB/IE] (1992), Heft 3, S. 118-123.

Niemand, S.: Target Costing im Anlagenbau. In: krp (1993), Heft 5, S. 327-332.

Peemöller, V. H.: Zielkostenrechnung für die frühzeitige Kostenbeeinflussung. In: krp (1993), Heft 6, S. 375-380.

Pieske, R.: Benchmarking - Das Lernen von anderen und seine Begrenzungen. In: iO Management Zeitschrift (1994), Heft 6, S. 19-23.

Pieske, R.: Benchmarking - Lernen von den Besten. In: VDI-Z (1995), Heft 1/2, S. 80-83.

Roever, M.: Gemeinkostenwertanalyse - Erfolgreiche Antwort auf die Gemeinkosten-Problematik. In: ZfB (1980), Heft 6, S. 686-690.

Sakurai, M. / Keating, P. J.: Target Costing und Aktivity-Based Costing. In: Controlling (1994), Heft 2, S. 84-91.

Sakurai, M.: Target Costing and how to use it. In: Journal of Cost Management for the manufacturing industry (1989), Heft 3, S. 39-50.

Scheer, A.-W.: Information Management bei der Produktentwicklung. In: Information Management (1989), Heft 3, S. 6-11.

Schneider, M.: Target Costing - Marktorientiertes Zielkostenmanagement. In: Controlling (1992), Heft 5, S. 292-294.

Sebastian, K.-H. / Simon, H.: Wie Unternehmen ihre Produkte genauer positionieren. In: Harvard Manager (1989), Heft 1, S. 89-97.

Seidenschwarz, W. / Niemand, S.: Zuliefererintegration im marktorientierten Zielkostenmanagement. In: Controlling (1994), Heft 5, S. 262-270.

Seidenschwarz, W.: Target Costing - Ein japanischer Ansatz für das Kostenmanagement. In: Controlling (1991), Heft 4, S. 198-203.

Seidenschwarz, W.: Target Costing - Verbindliche Umsetzung marktorientierter Strategien. In: krp (1994), Heft:1, 1994, S. 74-83.

Shapiro, B. P.: Was eigentlich heißt „marktorientiert" - Auf die Kunden eingehen – das sagt sich so leicht und ist so schwer getan. In: Harvard Manager (1989), Heft 3, S. 55-60.

Stolze, J.: Zielkosten-Management - Wettbewerbsorientierte Kostenplanung. In: Office Management (1994) Heft 6, S. 24-25.

Tönshoff, H. K. / Aurich, J. C.: Rechnerunterstützte Konstruktion funktionaler Freiform-flächen mit Technischen Elementen. In: VDI-Z (1995), Heft 1/2, S. 50-53.

Winter, H.: Target Costing und Zielkostenmanagement - Das im Markt Machbare ist der Maßstab. In: Gablers Magazin (1994), Heft 2, S. 47-49.

Wolfram, M. / Lang, M. / Ehrlenspiel, K.: Fuzzy Kalkulation - Kostenkalkulation mit unscharfen Geometriegrößen. In: VDI-Z (1995), Heft 1/2, S. 53-56.

Zahn, W.: Target Costing bei einem Automobilzulieferer - Ein Implementierungsansatz aus Werks-Controlling-Sicht. In: Controlling (1995), Heft 3, S. 148-153.

Zillmer, D.: Target Costing - Japanische und amerikanische Erfahrungen. In: Controller Magazin (1992), Heft 5, S. 286-288.

Sonstige Quellen

Decker, K.H.: Maschinenelemente,10. Aufl., München 1990.

Hoischen, H.: Technisches Zeichnen, 22. Aufl., Bielefeld 1988.

Holzmann, G. / Meyer, H. / Schumpich, G.: Technische Mechanik - Teil 3, Festigkeitslehre, 6. Aufl., Stuttgart 1986.

Horváth, P. / Seidenschwarz, W.: Die Methodik des Zielkostenmanagements. In: Controlling-Forschungsbericht Nr. 33 des Lehrstuhls Controlling am Betriebswirtschaftlichen Institut der Universität Stuttgart, Stuttgart 1992.

Schöler, H. R.: Total Value Deployment - Nahtstelle Marketing-Entwicklung erfolgreich managen. In: VDI-GSP Fachtagung am 29./30. Juni 1995 in Düsseldorf, Düsseldorf 1995, S. 1-13.

Sonstige nicht veröffentlichte Quellen

Bergmann, M. / Schink, T.: Konstruktion von Vorrichtungen im Rahmen der allgemeinen Konstruktionslehre an der Fachschule für Technik Wuppertal, 1991 / 1992.

www.ingramcontent.com/pod-product-compliance
Lightning Source LLC
Chambersburg PA
CBHW020837210326
41598CB00019B/1928

9783828884151